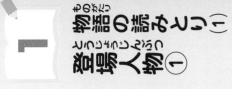

1 次の□□の文を読んで、後の問題に答えましょう。 (10点)

> 弟が、おやつのケーキを食べました。

(1) 「だれ」が、おやつのケーキを食べましたか。

（　　弟　　）が、食べました。

2 次の□□の文を読んで、後の問題に答えましょう。 (10点)

> はやとが、つばめのすを見つけました。

(1) 「だれ」が、つばめのすを見つけましたか。

（　　　　　　）が、見つけました。

3 次の□□の文を読んで、後の問題に答えましょう。 (10点)

> かおりさんが、きれいな花を持ってきました。

(1) 「だれ」が、きれいな花を持ってきましたか。

（　　　　　　）が、持ってきました。

❶ 「弟が、食べた。」
というぶんを、
作ります。「……」の、
「……」
❷ 「……」がありません。「……」が、見つけました。「……」のように、のかに、ます。

---

❻ 次の文章を読んで、後の問題に答えましょう。 (20点 1つ10)

とおり、おりが、おむかいに向かって、キャッと行きました。とわたしが言って、わたしが追いかけました。

（1） 「だれが、（　　　　　　　）が、向いて行きましたか。」

（2） 「だれが、（　　　　　　　）が、追いかけましたか。」

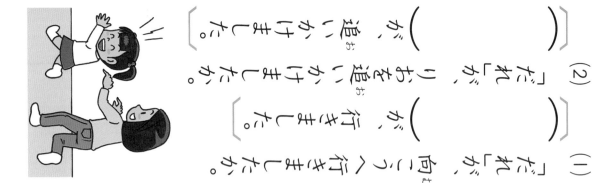

---

❺ 次の文章を読んで、後の問題に答えましょう。 (15点)

ぼくは、ながいこと、ビー玉を、バケツにいれてみると、ころがるのを、だが運んでいました。ビー玉を運んでいました。

（1） 「だれが、（　　　　　　　）が、ビー玉を運んでいましたか。」

---

❹ 次の文章を読んで、後の問題に答えましょう。 (15点)

わたしは、コップに水を入れて、そのなかに、たねをまいて、水をやって持っていましたわたしは。

（1） 「だれが、（　　　　　　　）が、水をやって持っていましたか。」

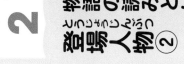

① 次の文章を読んで、後の問題に答えましょう。 (一つ 10点)

　妹が、目をこすりながら起きてきました。
　「おくんとう、てきたわよ。」
　とお母さんが言うと、妹はにっこりしました。

(1)　「だれ」が、目をこすりながら起きてきましたか。

〔（　　　　　　　）が、起きてきました。〕

(2)　「だれ」が、「おくんとう、てきたわよ。」と言いましたか。

〔（　　　　　　　）が、言いました。〕

3

② 次の文章を読んで、後の問題に答えましょう。 (一つ 10点)

　ももかは、お父さんと公園に行きました。
　お父さんは、葉っぱを拾って、
　「きれいな色だね。」
　と言いました。

(1)　「だれ」が、お父さんと公園に行きましたか。

〔（　　　　　　　）が、行きました。〕

(2)　「だれ」が、「きれいな色だね。」と言いましたか。

〔（　　　　　　　）が、言いました。〕

④ 次の文章を読んで、後の問題に答えましょう。

わたしは、水をコップの中に入れました。おとうとが、コップを持ってきました。わたしたちは、「……。」おとうとは、それを見て言いました。わたしは、名前をつけながら、水をコップの中に入れました。

(1) 「だれが」、水をコップの中に入れましたか。
[　　　　]が、入れました。

(2) 「だれが」、名前をつけましたか。
[　　　　]が、言いました。

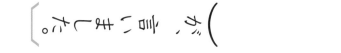

③ 次の文章を読んで、後の問題に答えましょう。

川では、めだかが、およいでいました。ケンジが、めだかをいけのそばに、いれました。「……。」とへいが言いました。

(1) 「だれが」、ケンジのぞをのぞいてみましたか。
[　　　　]が、言いました。

(2) 「だれが」、と意見を言いましたか。
[　　　　]が、言いました。

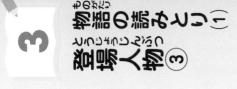

❶ 次の文章を読んで、後の（　）に合うことばを書きましょう。
（一つ 10点）

> 　妹が、目をこすりながら起きてきました。
> 「おくんで、できたわよ。」
> とお母さんが言うと、妹はにっこりしました。

(1) （　　　　　　　　　）が、起きてきました。

(2) （　　　　　　　　　）が、
「おくんで、できたわよ。」
と言いました。

5

❷ 次の文章を読んで、後の（　）に合うことばを書きましょう。
（一つ 10点）

> 　ももかは、お父さんと公園に行きました。お父さんは、葉っぱを拾って、
> 「きれいな色だね。」
> と言いました。ももかは、その葉を見つめながら、いいことを思いつきました。

(1) お父さんと（　　　　　　　　　）が、公園に行きました。

(2) 「きれいな色だね。」と（　　　　　　　　　）が言いました。

❸・❹ これが「した」という動作なのか、それが言ったことなのかを読みとろう。

---

❹ 次の文章を読んで、後の（　）に合う言葉を書きましょう。
（一つ 10 てん）

のどがかわいたからすが、水をさがしていました。
はちの中に、水がすこしありました。
からすは、くちばしを入れて、水をのもうとしました。でも、とどきません。
からすは、小石をくちばしでくわえて、はちの中に入れました。
水のかさが、だんだんふえてきて、からすは、水をのむことができました。
「やった。」と、からすはうれしそうに言いました。

(1) 水をさがしていたのは、（　　　　　）です。

(2) 水そうの中に水を入れたのは、（　　　　　）です。

(3) 名前をつけましょう。「やった。」と言ったのは、（　　　　　）です。

---

❸ 次の文章を読んで、後の（　）に合う言葉を書きましょう。
（一つ 10 てん）

いけが、まいにち水がほしくて、こまっていました。
ある日、ジャケは、かわのほとりで、しみずがわきでているのを見つけました。
ジャケは、そのしみずをくんで、いえへ運んでいくことにしました。
「これで、あんしんだ。」と、ジャケはうれしそうに言いました。

(1) ジャケを運んできたのは、（　　　　　）です。

(2) ジャケがのぞいてみたのは、（　　　　　）です。

(3) ジャケがうれしそうに言ったのは、（　　　　　）です。

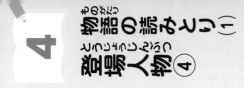

1 次の文章を読んで、後の問題に答えましょう。(一つ 10点)

妹が、目をこすりながら起きてきました。
「おくんと言ってきたわよ。」
とお母さんが言うと、妹はにっこりしました。

(1) 起きてきたのは、だれですか。

（起きてきたのは、）（　　　　　　）です。

(2) 「おくんと言ってきたわよ。」と言ったのは、だれですか。

（「おくんと言ってきたわよ。」と言ったのは、）
（　　　　　　）です。

2 次の文章を読んで、後の問題に答えましょう。(一つ 15点)

ももかは、お父さんと公園に行きました。お父さんは、葉っぱを拾って、
「きれいな色だね。」
と言いました。

(1) お父さんと公園に行ったのは、だれですか。

（　　　　　　）です。

(2) 「きれいな色だね。」と言ったのは、だれですか。

（　　　　　　）です。

④ 次の文章を読んで、後の問題に答えましょう。 (1つ15点)

> 「□の中に、水を入れて。」と、わたしが言ったので、水をコップの中に入れました。わたしたちは、名前をよびながら、水を持ってきました。わたしたちは、その様子を見て、「○○。」と言いました。

(1) 水を持ってきたのは、だれですか。

[　　　（　　　　　　）　　　です。]

(2) 水をコップの中にあけたのは、だれですか。

[　　　（　　　　　　）　　　です。]

③ 次の文章を読んで、後の問題に答えましょう。 (1つ10点)

> わたしたちは、川のそばで、バケツを運んでいました。「つかれたな。」と、一人がつぶやきました。「あと少しだ。」と、もう一人がはげますように言いました。バケツを運んでいるのは、およぐときに、バケツをあめる……

(1) バケツを運んできたのは、だれですか。

[　　　（　　　　　　）　　　です。]

(2) バケツの中に入れてきたのは、だれですか。

[　　　（　　　　　　）　　　です。]

❶ 次の□□の文を読んで、後の問題に答えましょう。　　　　　（10点）

> めだかが、三びき泳いでいます。

(1)「何」が、泳いでいますか。

〔（　　　　　　　　　）が、泳いでいます。〕

❷ 次の□□の文を読んで、後の（　）に合うことばを書きましょう。
　　　　　　　　　　　　　　　　　　　　　　　　　　　　　　（10点）

> 犬が、ワンワンほえています。

(1) ワンワンほえているのは、（　　　　　　　　　　）です。

❸ 次の文章を読んで、後の問題に答えましょう。　　　　　（一つ 15点）

> 庭の花だんに、すみれがきれいにさきました。ちょ
> うがやってきて、花のみつをすっています。

(1) 庭の花だんにさいたのは、なんですか。

〔（庭の花だんにさいたのは、）（　　　　　　　　　）です。〕

(2) 花のみつをすいにやってきたのは、なんですか。

〔（　　　　　　　　　）です。〕

©くもん出版

朝・昼・夜、何が、いつ、どこで……。
①③④⑦

今日は「ニ」、今の時、「なに」を表すときは「に」で答えるよ。「こ」「に」「は」

④ 次の□の文を読んで、後の問題に答えましょう。（10点）

きのう、ともや君は、ゆうびん局へ行きました。

(1) きのう、ともや君は、どこへ行きましたか。
〔 〕（　　　　　）行きました。

⑤ 次の□の文を読んで、後の（　）に合うことばを書きましょう。（10点）

わたしは、昼休みに、としょ室に行きました。

(1) わたしが（　　　　　）のは、昼休みです。

⑥ 次の文章を読んで、後の問題に答えましょう。（15点）

母の日に、わたしと妹は、台所でしょくじをつくりました。その後、かたづけをしました。

(1) わたしと妹が「１日ママ」になったのは、いつですか。
〔 〕（　　　　　）です。

⑦ 次の文章を読んで、後の問題に答えましょう。（15点）

放かごの後、ボール遊びをしていて、まどのガラスをわってしまいました。

(1) へやのまどガラスをわったのは、いつですか。
〔 〕（　　　　　）です。

月　日　前　名

はじめ　時　分　おわり　時　分　かかった時間　分

とく点　点

© くもん出版

① 次の □ の文を読んで、後の問題に答えましょう。
（10点）

夕方、ぼくは、公園で遊びました。

（1）ぼくは、「どこ」で遊びましたか。

〔（　　　　　　　　）で遊びました。〕

② 次の □ の文を読んで、後の（　）に合うことばを書きましょう。
（10点）

お父さんが、台所でりょう理を作っています。

（1）お父さんが、りょう理を作っている所は、

（　　　　　　　　　）です。

③ 次の文章を読んで、後の問題に答えましょう。
（1つ 15点）

わたしたちは、広場でお昼を食べました。大きな木のかげにシートをしいて、みんなは荷物を下ろしました。

（1）わたしたちがお昼を食べた所は、どこですか。

〔わたしたちがお昼を食べた所は、（　　　　　　　　）です。〕

（2）シートをしいた所は、どこですか。

〔大きな木の（　　　　　　　　）です。〕

＝

⑥ 次の文章を読んで、後の問題に答えましょう。 (1つ15点)

> ぼくが返事をしなかったので、あきらくんは、顔を真っ赤にしておこりだしました。友だちは、ぼくが話しかけても、むしをしていました。それからしばらくたって、あきらくんはにこにこしながら、「ごめんね」とあやまってくれました。ぼくは、うれしくなりました。

(1) あきらくんは、ぼくが返事をしなかったので、どうしましたか。

（　　　　　　）（を）真っ赤にして〔おこりだした。〕

(2) あきらくんは、しばらくたってどうしましたか。

（　　　　　　　　　　）〔おこった。〕

⑤ 次の□の文を読んで、後の（ ）に合うことばを書きましょう。 (10点)

> 皿に油がついていて、なかなか取れません。

(1) 皿には油が（　　　　　　）ついています。

④ 次の□の文を読んで、後の問題に答えましょう。 (10点)

> 大きな金魚が、ゆっくり泳いでいます。

(1) 金魚が、どのように泳いでいますか。

（　　　　　　）泳いでいます。

1 次の□の文を読んで、後の問題に答えましょう。　(10点)

弟は、大きな声で歌を歌いました。

(1) 弟は、どうしましたか。

〔（弟は、）歌を（　　　　　　　　）。〕

2 次の□の文を読んで、後の（ ）に合うことばを書きましょう。　(10点)

妹は、かわいいパジャマを着ました。

(1) 妹は、パジャマを（　　　　　　　　）。

3 次の文章を読んで、後の問題に答えましょう。　(一つ15点)

　次の日、おばあちゃんは、すっかり元気になって、部屋をそうじしていた。わたしは、うれしくなって、おばあちゃんにかけよった。

(1) 次の日、おばあちゃんは、何をしていたのですか。

〔（おばあちゃんは、）部屋を（　　　　　　　　）。〕

(2) わたしは、うれしくなって、どうしたのですか。

〔おばあちゃんに（　　　　　　　　）。〕

くもん出版

---

④ 次の □ の文を読んで、後の問題に答えましょう。 (10点)

> 高原の朝の空気は、さわやかです。

(1) 高原の朝の空気は、どんな「ようす」ですか。

高原の朝の空気は、（　　　　　）です。

---

⑤ 次の □ の文を読んで、後の（　）に合うことばを書きましょう。 (10点)

> 東がわの花はチューリップで、南がわの花はすみれです。

(1) 東がわの花は、（　　　　　）です。

---

⑥ 次の文章を読んで、後の問題に答えましょう。 (15点 一つ)

> した。長い坂をのぼってゆ
> くと、青い海が遠くに見え
> て、ちょうど登る所はみん
> なで話をしてもちょうどよ
> い所でした。上

(1) 長い坂を登った所は（　　　　　）でした。

長い坂を登った所は、青い海が遠くに見えて、ちょうど上から（　　　　　）でした。

(2) 青い海が遠くに見えて、ちょうど上から（　　　　　）でした。

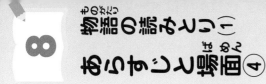

8 物語の読みとり(1)
あらすじと場面④

名前

月 日

はじめ 時 分　おわり 時 分　かかった時間 分

とく点 点

© くもん出版

1 次の文章を読んで、後の問題に答えましょう。 (一つ 15点)

　まことが、けんかにバケツをそろそろと運んで
きました。ぼくがのぞいてみると、めだかが泳いで
いました。まことは、
「今日は、ぼくがかまえたんだ。」
と、とく意そうに言いました。

(1) バケツの中で泳いでいたのは、なんですか。

　〔(泳いでいたのは、)（　　　　　　　　　）です。〕

(2) まことがめだかをつかまえたのは、いつですか。

　〔(めだかをつかまえたのは、)（　　　　　　　　　）です。〕

2 次の文章を読んで、後の問題に答えましょう。 (15点)

　妹が、目をこすりながら起きてきました。
「おべんとう、できたわよ。」
と、お母さんが言うと、妹はにっこりしました。妹は、
着がえてくると、すぐにリュックにおべんとうを入
れました。

(1) 妹は、着がえてくると、どうしましたか。

　〔すぐにリュックに（　　　　　　　　　　　　）。〕

15

それぞれのことばは「こ」「これ」「ここ」「こんな」などの「こ」ではじまることばがさしているものを、あとの□にせい理しましょう。

くもん出版

③ 次の文章を読んで、後の問題に答えましょう。

> わたしは、きんぎょを買って、お祭りの夜店で、水を買ってきました。緑色の小ばちの中に水を入れて、きんぎょを持って、家に帰りました。とき、おねえさんが、その様子を見て、「名前をつけよう。」と言ったので、わたしたちは「きんぎょに名前をつけました。

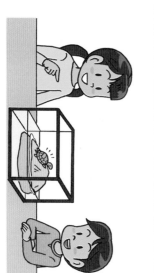

(1) 緑色の小ばちを買ってきた所は、どこですか。（10点）

（　　　　　　　　　）です。

(2) 緑色の小ばちを買って、その中にあなたが入れたのは、なんですか。（15点）

（　　　　　　　　　）です。

(3) わたしは、水をかってきて、そのみずの中に、なにを入れましたか。（15点）

（　　　　　　　　　）入れました。

(4) わたしたちは、きんぎょに名前をつけたのに、なにを入れましたか。（15点）

（　　　　　　　　　）
［しばらくへ。］

16

1 次の文章を読んで、下の問題に答えましょう。

日曜日、かずきは家にいた。

ずっと家にいたから、ゆうきは少したいくつだった。ゆうきは一人であそびに行ってみることにした。

――あの子がいるかもしれない。

なんとなく、そう思ったからだ。林の中に入る時はきっと――

――ひとりだったら、ぼくは行くまい。

ゆうきは、野原の入り口に立った。

――だれかいる。

行ってみると、この前のあの子だった。岩の上にすわっていて、足をぶらぶらさせている。

「ここ、気に入ったのね？」

（1）いつのお話ですか。（10点）

（　　　　　）です。

（2）家にいなかったのは、だれですか。（10点）

（　　　　　）です。

（3）ゆうたは一人で、どこに行ってみることにしましたか。（10点）

（　　　　　）です。

（4）「この前の子」は岩の上で、どうしていましたか。（一つ10点）

①（　　　　　）に

すわって、足を

②（　　　　　）させ

ている。

17

（令和2年度版 学校図書版『みんなと学ぶ しょうがく国語三年』上20〜21ページ）

乗馬の草むらに気がついた時、思いがけない「乗れる？」とゆうたはたずねた。

「乗れるよ。」と黒のてっぺいは答えた。

ゆうたは岩の上にとびあがって、いきおいをつけて、ぴょんと馬のように動きゆれた。まるで本当に馬に乗っている女の子。

乗馬の黒のてっぺいはいきおいをつけて馬にまたがった。

(5) (15点) 「　　　　　　」と言った乗ったのはだれですか？

（　　　　　　　　）です。

(6) (10点) 岩にとびのって乗ったのはだれですか。

（　　　　　　　　）です。

(7) (10点) 思ったのは「乗れた」と、岩の上にとびのって、

〔 と　　　　　（　　　　　）　　岩にとびのって乗った。 〕

(8) (15点) 乗ったのは何に乗ったのでしたか。

（　　　　　　　　）です。

1 次の文章を読んで、後の問題に答えましょう。 (25点)

　マンサバッタは、どのようにして、土の中にたまごをうむのでしょう。
　メスのバッタを土の入った虫かごに入れて、かんさつしてみました。

(1) 何について書かれていますか。（　）に合うことばを、後の　　からえらんで書きましょう。

〔 トノサマバッタの（　　　　　　　）について。〕

　　オスとメスのちがい ・ たまごのうみ方

2 次の文章を読んで、後の問題に答えましょう。 (25点)

　真夜中の海べで、ウミガメがたまごからかえる様子を見ることができました。
　すなはまに小指の先ほどの頭が見えると、次から次へと子がめがはい出してきました。

(1) 何について書かれていますか。（　）に合うことばを、後の　　からえらんで書きましょう。

〔 ウミガメが（　　　　　　　）様子について。〕

　　たまごをうむ ・ たまごからかえる

19

④ 次の文章を読んで、後の問題に答えましょう。　(25点)

モミ・マツ・スギなどの木で、サクラなどの生きている木を、キツツキは・スギがひとつの木をえさをさがします。たとえば、キツツキがえさをさがしているこの木を、同じようにきめられている木を調べて、同じようにきめられている。

(1) 何について書かれていますか。

[キツツキが（　　　　　　）をほる木について。]

体の色・巣の色・土の色・白いはね

③ 次の文章を読んで、後の問題に答えましょう。　(25点)

ライチョウのメスのからだの色は土の色、オスの体の色は茶色をしています。まわりのけしきと同じような色になり、十月から十一月にかけて雪がふると、体は真っ白になり、十月からすがたをかくします。にはねいろ。

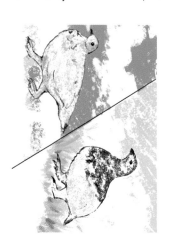

(1) 後の□□からえらんで書きましょう。

メスのライチョウの（　　　　　　）について。

20

1 次の文章を読んで、後の問題に答えましょう。

　トノサマバッタは、えのようにして土の中にたまごをうむのでしょう。
　メスのバッタを土の入ったようきに入れて、かんさつしてみました。

(1) 何について書かれていますか。　　　　　（1つ 10点）

　　トノサマバッタが、①（　　　　　　　　　　）、
　　土の中に②（　　　　　　　　　　）をうむのかについて。

2 次の文章を読んで、後の問題に答えましょう。

　ネコが、なかまどうしに出会ったときの行動を見てみましょう。
　ほかのネコと会って、しっぽをぴんと立てることがあります。これは、気に入ったなかましめす、友だちのしるしです。

(1) 何について書かれていますか。　　　　　（1つ 10点）

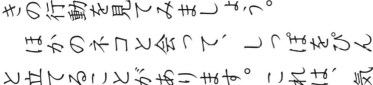

　　ネコが、①（　　　　　　　　　）どうしに
　　②（　　　　　　　　　）ときの③（　　　　　　　　　）について。

4 次の文章を読んで、後の問題に答えましょう。

> けい光とうは、十
> 月二十六日ごろか
> ら、岩や土の色に
> まじってきます。す
> ると、真っ白にな
> りますが、雪がふ
> ると、岩や土の色
> は、雪の白にばけ
> て茶色をかねてし
> まいね。

(1) 何について書かれた文章ですか。
（　　　　　　　　　）について。

(2) その体は、こん色から六月になると、メスのライチョウ
の体は、こん色から六月になると、メスのライチョウ
と同じ色をしていますが、十月二十六日から
〔岩や土の色に〕
〔　　　　　　）をしています。

（15てん）

22

---

3 次の文章を読んで、後の問題に答えましょう。

> キツツキも、同じ
> ように、あなをあ
> けて、決まってい
> るこの木を調べて、
> くさった木を
> えらんで、同じよ
> うにあなをあける
> ことがわかる。
> ミミズ・キ・……

(1) 何について書かれた文章ですか。
〔キツツキが〕
（　　　　　　　　　）について。

（20てん）

せつ明文の読みとり(1)
話題と内よう③

月　日　名前

はじめ　時　分
おわり　時　分
かかった時間　分

とく点

©くもん出版

❶ 次の文章を読んで、後の問題に答えましょう。　(10点)

　ナノサイズのシリタは、どのようにして、土の中にまじったものでしょう。
　メスのシリタを土の入ったようきに入れて、かんさつしてみました。

(1)　～のことを調べるために、何をしてみましたか。

　メスのシリタを土の入ったようきに入れて、
（　　　　　　　）してみました。

❷ 次の文章を読んで、後の問題に答えましょう。　(一つ15点)

　タツノオトシゴのオスには、はらにだまりを育てるふくろがついています。だまりがかえると、そのふくろが大きくふくれて、真ん中の小さな口から、ち魚が出てきます。
※ち魚…だまりからかえったばかりの魚。

(1)　タツノオトシゴのオスのはらには、どんなふくろがついていますか。

（　　　　　　　）ふくろがついています。

(2)　だまりを育てるのは、「オス」「メス」のどちらですか。

（　　　　　　　）です。

3 次の文章を読んで、後の問題に答えましょう。

ネコが、ほかのネコに出会ったとき、その行動を見てみましょう。

気に入ったなかまに会ったときは、しっぽをピンと立てて、あいさつをします。これは、気に入ったなかまに出会ったときにしめす行動です。

気に入らないなかまに出会ったときは、ネコはせなかをまるくし、毛をさか立てて、からだを大きく見せようとします。これは、あいてに自分を大きく見せて、あいてを追いはらおうとするためです。

てきに対して、自分を大きく見せて、あいてを追いはらおうとするのです。

(1) 気に入ったなかまに会ったとき、ネコはどうしますか。

（①　　　　　　　　　　　　）をたて、
（②　　　　　　　　　　　　）。

(1つ10点)

(2) てきに会ったとき、ネコはどうしますか。

（①　　　　　　　　　　　　）を立げて、
（②　　　　　　　　　　　　）毛を。

(1つ10点)

(3) てきに会ったとき、ネコが「なかまに」出会ったとき、「自分を」大きく見せているのは、なぜですか。

（①　　　　　　　　　　　　）に対して自分を
（②　　　　　　　　　　　　）とするためです。

(1つ10点)

24

13 せつ明文の読みとり(1)
話題と内よう④

月　日　名前

はじめ　時　分　おわり　時　分　かかった時間　分

点

とく点

©くもん出版

❶ 次の文章を読んで、後の問題に答えましょう。

真夜中の海べで、ウミガメがたまごからかえる様子を見ることができました。

すなはまに、小指の先ほどの頭が見えると、次から子がめが次々とはい出してきました。子がめは、前足を大きく動かしながら後ろ足でけるようにして、すなをかき、海に向かっていきます。

(1) 何について書かれた文章ですか。　(10点)

〔ウミガメが（　　　　　　　　　　　　）について。〕

(2) すなはまに「はい出して」きたものは、なんですか。　(10点)

（　　　　　　　　）です。

(3) 子がめが海に向かっていく様子について、（　）に合うことばを書きましょう。　(1つ10点)

・①（　　　　　　　）足を大きく動かしながら②（　　　　　　　）足でける
ようにして海に向かっていきます。

・③（　　　　　　　）で海に向かっていきます。

25

② 2 次の文章を読んで、後の問題に答えましょう。

ネコが、かがみを見て、ネコがまえにいるとみちがえて、とびかかることがあります。これは、かがみの中の自分を、大きいライバルと見て、気に入らないので、とびかかるのです。

これは、ほかの人に会って、とびかかったり、おいはらったりするのとおなじで、ネコのこうげきするときの行動です。これは「友だち」に対して、とる行動を見せたものです。

(1) 何について書かれた文章ですか。（一つ10点）

① ネコが、（　　　　　　　　）が、

② （　　　　　　　　　　　）について。

(2) ──「とびかかる」のは、なぜですか。（一つ10点）

① （　　　　　　　　　　　）ために、

② （　　　　　　　　　　　）です。

(3) ──「てき」に対して自分を大きく見せるためにとる行動は、どれですか。（10点）

（　　　　　　　）、もをさかだてること。

くもん出版

14 かくにんドリル(2)
「こまを楽しむ」

月　日　名前

はじめ　時　分　　おわり　時　分　　かかった時間　　分

とく点

点

© くもん出版

❶ 次の文章を読んで、下の問題に答えましょう。

こまは、昔から世界中で行われ遊びですが、日本はこまの種類が多い国だと言われています。長い間に、さまざまなくふうがくわえられて、たくさんのこまが生み出されてきました。そうして、たくさんのこまが生み出されてきました。日本はこまの種類が多い国だと言われています。

これは、昔から世界中で広く親しまれてきました。こまには、さまざまな色がついています。回っているときの色を楽しむこまです。こまの表面にもようがえがかれています。ひねって回すと、色がかわってきます。ひねって回すと、色がかわってきます。回っていると色がかわるのが楽しいこまもあるのです。まだ、どんな楽しみ方があるのでしょう。

こまは、回っているときの色を楽しむこまです。色がわりごまの表面には、もようがえがかれていて、ひねって回すと、色がかわってきます。回っているときの色を楽しむこまです。色がわりごまの表面に使われている色は、ひねって回すと、色がかわってきます。

(1) 日本は、世界でいちばん何が多い国だと言われていますか。(15点)

〔（　　　　　　　　）です。〕

(2) この文章は何について書かれていますか。――えらんで○をつけましょう。(20点)

㋐（　　）こまの楽しみ方。

㋑（　　）こまのしゅるいと楽しみ方。

㋒（　　）こまのしゅるいと作り方。

(3) 色がわりごまの表面は、どうなっていますか。(15点)

〔（　　　　　　　　）がえがかれています。〕

27

（令和2年度版　光村図書　国語三上　わかば　50〜52ページより）

（本文・縦書き）
…が鳴ります。長くて、中がくうどうになっているのは音が鳴りやすくするためです。

ひもを引きながらいきおいよく回すと、ボールから空気が入って回ります。そのとき風がうずのようにこまの横になって、こまの音を楽しむことができます。

見える色がかわってきます。回っているときの色は、同じ色でも元の色と見える色がちがっているように見えます。こまが回るとちがう色に見えるのです。

…

② （　　　　　）と（　　　　　）
　　という音が鳴ります。
①

（１つ10点）

(6) 鳴りごまは、ひもを引いて回すとどのように動きますか。

ウ（　　　）の音が回っていること。

イ（　　　）の色が回っていること。

ア（　　　）の色が回っていること。

（15点）

(5) 鳴りごまは、何を楽しむことができますか。

（　　　　　　　　　　）です。

（15点）

(4) 色がかわりますが、何には、見える色が…同じ…

❶ 次の文章を読んで、後の問題に答えましょう。(10点)

　あなぐま君は、ふうとうに鼻をつけて、くんくんにおいをかぎました。
「あっ、きつね君だ。」

(1) あなぐま君は、ふうとうのにおいをどのようにかぎましたか。

　ふうとうに鼻をつけて、においを（　　　　　　　）かぎました。

❷ 次の文章を読んで、後の問題に答えましょう。(1つ15点)

　山の上に、まんまるお月さまが、ぽっかりうかんでいます。
「ああ、なんていい夜なんだ。」
　ふくろうじいさんは、木の上でじっと月をながめていました。

(1) お月さまは、どのようにうかんでいますか。

　（お月さまは、）（　　　　　　　）うかんでいます。

(2) ふくろうじいさんは、どのように月をながめていますか。

　木の上で（　　　　　　　）（月を）ながめています。

④ 次の文しょうを読んで、後の問題に答えましょう。

「ぼえん、ぼくたちは若くんを助けにきました。」
ヘントの上で、あいたの声で、ぼくたちは頭を
ぼえん、ぼくたちは、あいたの声で、ヘントの上で頭を

(1) いまきたちは、ヘントの上で、あいたの声で、頭をしましたか。（1つ15点）

① 頭を（　　　　　　　　）しました。

② あいたの声で（　　　　　　　　）。

③ 次の文しょうを読んで、後の問題に答えましょう。

とりすは、葉のいすた。きつねの親子が森に木の実を拾いにきました。
きつねの親子が森に木の実を拾いにきたので、「サンサン」と音がしました。
でも、子りすは、音がしません。
母さんりすが、このいすに合うと、「サンサン」と音がしました。
とりすは、葉のすれ合う音で、こりました。

(1) こりすが森で木の実を拾って（　　　　　　　　）とき、「サンサン」と音がしましたか。

(2) 母さんりすが（　　　　　　　　）とき、「サンサン」と音がしましたか。
葉のすれ合う音。

（1つ15点）

月 日 名 前

はじめ 時 分 おわり 時 分 かかった時間 分

とく点 点

©くもん出版

❶ 次の文章を読んで、後の問題に答えましょう。 (1つ 10点)

　　カンコンカン、カンコンカンと、かねの音が町じゅうにひびきわたります。
　　今日は、動物森の町長、くまさんのたんじょう日です。

(1) 「カンコンカン、カンコンカン」は、なんの音ですか。

〔（　　　　　　　　）の音。〕

(2) かねの音は、どうなりましたか。

〔町じゅうに（　　　　　　　　　　）ました。〕

❷ 次の文章を読んで、後の問題に答えましょう。

　　温せんのお湯は、白くにごっていて、おふろのようにおいがします。父さんザルはすぐにとびこんで、気持ちよさそうに目をとじました。

(1) 父さんザルは、どうしましたか。 (1つ 15点)

〔すぐに①（　　　　　　　　）、気持ちよさそうに
②（　　　　　　　　　　）。〕

31

④ 次の文章を読んで、後の問題に答えましょう。

子犬のコンタは、深いあなにおちてしまいました。あなの中は真っ暗でした。あながふかく、あなの上にある机を登れそうもありません。コンタは、ぐったりとしてしまいました。

(1)あなの様子について書いてあることばを、□の中から合うことばをえらんで書きましょう。（1つ15点）

```
せまい・深い・暗い・真ん中
```

① あなは、（　　　　　　　　）などで、上の机を登れそうもないこと。

② あなの中は、（　　　　　　）で、見えないこと。

③ 次の文章を読んで、後の問題に答えましょう。

なって、広い野原に出ました。風もふきはじめると、急に空が暗くなって、雨はザーっとふり始めました。風はビュービューといって、休める所が暗いあなへ、もぐりこみました。ビュービューという風の音もしずまりました。

(1)「ザー」「ビュービュー」は、何の様子ですか。（1つ10点）

① ザー （　　　　　　）が強くふっている様子。

② ビュービュー （　　　　　　）が強くふいている様子。

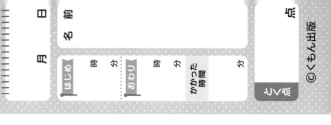

❶ 次の文章を読んで、後の問題に答えましょう。

> 　あなぐま君は、病気でねていました。きょう、一通の手紙がとどきました。中を開けてみると、大きなどんぐりが入っていました。あなぐま君は、ふうとうに鼻をつけて、<u>クンクン</u>においをかいでみました。
> 「<u>あっ</u>、きつね君だ。」

(1) 手紙がとどいたとき、あなぐま君は、どうしていましたか。
(10点)

病気で（　　　　　　　　）。

(2) 「クンクン」は、なんの様子ですか。
(一つ10点)

①（　　　　　　　　）が、ふうとうの
においを②（　　　　　　　　）いる様子。

(3) 「あっ」は、なんの様子ですか。（　）に合うことばを、後の［　］からえらんで書きましょう。
(15点)

だれのにおいが（　　　　　　　　）様子。

> びっくりした ・ わかった ・ 知らない

33

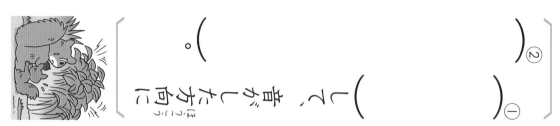

2 次の文章を読んで、後の問題に答えましょう。

> 向こうしがりとりすが、
> 「サン」
> という音をたてました。
> すると母さんりすは、
> 「サン」という音がみんなに聞こえるように、木の実を拾って
> ぶつぶつと言いました。
> はりねずみの親子は、「サン」という音がした方向を見ました。
> 子りすの親子は、木の実を拾って、今にも木の実を拾った音がみんなに聞こえるように、ぶつぶつ言いました。
> 向こうしがりとりすが、「サン」という音をたてました。

(1) 「サン」は、なんの音ですか。 (10点)

（　　　　　　　　　　　　　　　）音。

(2) 「サン」という音がしたから、はりねずみの親子は、（　　）場面はどこと、次からえらんで□に○をつけましょう。

何か起こるのかと書きました。

（　　　　　　　　　　　　　　　　）様子。 (15点)

> びっくりした ・ あわてた
> しんちょうに

(3) 「サン」という音がしたとき、母さんりすは、どうしましたか。 (15点 1つ)

① （　　　　　　　　　　　　）方向に
　 音がした
② （　　　　　　　　　　　　）。

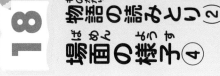

① 次の文章を読んで、後の問題に答えましょう。

　キンコンカン、キンコンカンとかねの音が町じゅうにひびきわたります。

　今日は、動物森の町長、くまさんのたんじょう日です。

　うさぎさんたちは、大きなケーキを作りました。たぬきさんたちは、パーティーのじゅんびです。いそがしそうに、いすやテーブルを運んでいます。

　そして、森の動物たちも、プレゼントを持って、わいわい集まってきました。

(1) ケーキを作ったり、いすやテーブルを運んだりしていることから、動物たちが何をしている様子がわかりますか。 (一つ10点)

　森の動物たちが、くまさんの①（　　　　　）の②（　　　　　　）のじゅんびをしている様子。

(2) この文章の場面は、どんな様子ですか。（　）に合うことばを、後の　　　からえらんで書きましょう。 (15点)

　明るく（　　　　　）な様子。

┌──────────────┐
│ しずか ・ にぎやか │
└──────────────┘

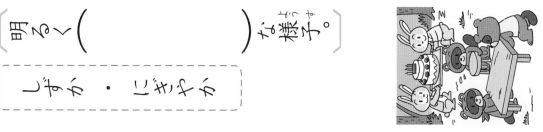

2 次の文章を読んで、後の問題に答えましょう。

子ザルが、お温せんの湯の中に手を持ちよくお温まっているおさるの子を見ました。子ザルは、「キャッ。」と、おもわず手をひっこめました。おさるのお父ザルは、首までつかって目をつぶっています。子ザルは、白く目をまるくしておどろいて、おそるおそるお湯の中に入ってみました。お湯の様い

(1) 温せんのお湯の様子に合わせて（　）にことばを書きましょう。(1つ10点)

① 白く（　　　）て
② （　　　）がします。

(2) おさるのお父さんは、おさるのお父さんは、どんな様子でしたか。(15点)

（　　　　　　　　　　）様子。

(3) 「キャッ。」は、(1つ15点)

① （　　　　　　　　　　）の様子。
② （　　　　　　　　　　）のあまり、
  〔　に（　　　　　　）
  びっくりした様子。〕

36

1 次の文章を読んで、後の問題に答えましょう。

　山の上に、まんまるのお月さまが、　①　うかんできます。
　「ああ、なんてよい夜なんだ。」
　ふくろうじいさんは、木の上で　②　月をながめていました。風がふいて木の葉が小さくゆれると、けしきが、まるで水ぶねにゆられているときのように見えました。

(1)　①　と　②　に合うことばを、後の　　からえらんで書きましょう。(一つ10点)

①‥‥お月さまが、[　　　　　　　　]うかんできます。

②‥‥ふくろうじいさんは、木の上で[　　　　　　　]月をながめていました。

きっぱり ・ じっと ・ ぽっかり

(2)　風がふくと、けしきが、どのように見えましたか。(10点)

（けしきが）まるで（　　　　　）にゆられているときのように見えました。

「まるで〜のように」は、たとえる言い方だよ。

37

はじめ、広い野原に出て、風とあそびはじめました。風はとてもいそがしくて、休みなく動いています。大きくスーッとのびていったり、急に方こうをかえたりしました。草原は、海のようにいそがしくゆれていました。風の行く所が、［　　］空が急に暗くなって、雨がふり出しました。草原は、雨風にうたれて、大いそがしでした。それでも風は、楽しそうでした。

(1) 後の文しょうは、「□」に合うことばを、後の　　からえらんで書きましょう。(10点)

雨は「□　　　　　　」にふり、風は「ビュービュー」とふいて、草原は大いそがしでした。

［パラパラ・ザーザー・カラカラ・ビュンビュン］

(2) はげしい風で、雨がふり、草原はどんな様子でしたか。

① （　　　　　　）のように
② （　　　　　　）ていた。

（1つ15点）

> 草原を、あらしが海にたとえているんだね。

(3) 後の文しょうは、どんな場面ですか。（　）にことばをかいて、場面にあう（　）に合うことばをえらんで書きましょう。(1つ15点)

① （　　　　　　）になった
② （　　　　　　）の場面です。

［天気・あらし・海の上・草原］

❶ 次の文章を読んで、後の問題に答えましょう。

　川はばがせまくなると、流れは急にはやくなってきました。ボートは波しぶきを上げて、右く左く、上く下くとはげしくゆれだしました。

　ザブーンと大きくボートが落ちたとき、こんきちは、ボートの上で、頭をかかえて、小さくなっていました。

「ぽんた君、助けてえ。」

　こんきちは、ありったけの声でさけびました。

(1) 流れがはやくなって、ボートはどうなりましたか。(一つ10点)

はげしく ①（　　　　　　）を上げて
②（　　　　　　　　）。

(2) 〜〜〜から、こんきちのどんな様子がわかりますか。
（　）に合うことばを、後の　　からえらんで書きましょう。(15点)

（　　　　　　　）様子。

よろこんでいる ・ こわがっている

(3) この文章は、どんな場面ですか。(一つ10点)

川の流れがはやくなり、①（　　　　　）がボートの上から助けを求めて②（　　　　　）場面です。

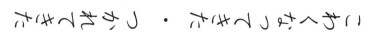
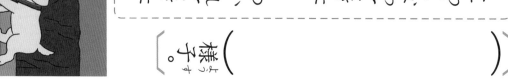
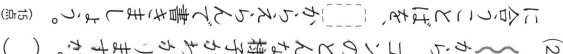

2 次の文章を読んで、後の問題に答えましょう。

子犬のコンは、歩きだしました。暗くてものが見えにくいですが、子犬のコンは歩いていきました。

ところどころに出っぱりがあり、そこに足がひっかかります。キランとした光も見えました。一点のひかりがたくさんあつまっているようです。その場にも、外への出口はありませんでした。

コンは、また歩きだしました。すると、足もとがぐんとふかくなり、あなにつるりと落ちてしまいました。そのあなは、ふかくてなかなか登れそうにありません。あなの中は真っ上

(1) あなの様子を何のようだと答えていますか。
（とても〔　　　　　　　　〕）のよう。
(10点)

(2) ～からわかるコンの様子は、どんな様子だったでしょう。
（　　　　　　　　）様子。
(15点)

〔いわへのぼった・つかれてきた〕

(3) (1つ10点)
①この文章は、どんな場面ですか。
（　　　　　　）のコンが、暗い場面です。
②（　　　　　　）の中を歩いていく場面です。

❶ 次の文章を読んで、下の問題に答えましょう。

ある朝、ほらあなから子どもきつねが出ようとしましたが、「あっ。」ときゅうに目をおさえながら母さんぎつねの所へ転げてきました。

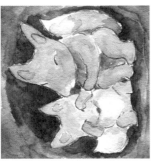

「母ちゃん、目に何かささったよう。ぬいてちょうだい。早く、早く。」と言いました。

母さんぎつねがびっくりしておろおろしながら、目をおさえている子どもの手を、おそるおそる取りのけてみましたが、何もささってはい

（次ページへ続く）

（1）「転げてきました」から、子どもきつねのどんな様子がわかりますか。一つえらんで、〇をつけましょう。（10点）

ア（　）落ち着いている様子。

イ（　）よろこんでいる様子。

ウ（　）あわてている様子。

（2）　〜〜〜　のように言われて、母さんぎつねは、どうしましたか。（一つ15点）

母さんぎつねは

①（　　　　　　　　　）て

あわてるためきながら目を

おさえている子どもの手を

②（　　　　　　　　　　）

取りのけてみました。

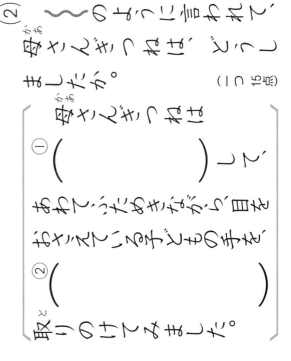

41

「手ぶくろを買いに」
東書版『新編 新しい国語三下』
平成27年度版　150～151ページより
（新美南吉）

こうして子どもぎつねは、雪の上
をよちよち行きました。やがて目に
しみるように白いものがいっぱい
つまっている、細いすきまから、お
もてへ出ようとしましたが、その
ときふいに、うしろから、母さんぎ
つねが、「ぼうや、お外はまぶしい
でしょう。雪がつもっているからね」
と言って、子どもぎつねのにわかに
まぶしくなった目を、母さんぎつね
は、両手で、かわいくふさいでやり
ました。真っ白な雪は、さく夜の
お日さまが、わたしたちにくれた、
真っ白なおくりものでした。

(3)
(①)の上、(②)に行った
ときの、子どもぎつねの様子を表す
光が反しゃしてまぶしい様子を、
次の ( ) に合う様子を書きましょう。
（二 15点）

真っ白な雪は、さく夜の
お日さまが、
① (　　　　　)
② (　　　　　)

(4)
この (③)の (②)を
かけ回るたびに、雪の粉が上
(①)の上
に行ったとき、子どもぎつねは
びっくりしました。それは
なぜですか。次の ( ) に合う様子
を書きましょう。
（二 10点）

① (　　　　　)
② (　　　　　)
③ (　　　　　)

くもん出版

月　日　名前

はじめ　時　分　おわり　時　分　かかった時間　分

とく点　点

©くもん出版

1 次の文章を読んで、後の問題に答えましょう。

　トノサマバッタは、どのようにして、土の中にたまごをうむのでしょう。

　メスのバッタを土のくぼみのようなきに入れて、かんさつしてみました。

　まず、はらの先で土をおして、あなをあけました。

　次に、頭とはねは土の上にのこして、はらだけ長くのばしながら、土の中に入れていきます。

　このようにして、はらの先からたまごをうみます。

(1)　次のアからエの文が、文章の内ようのじゅんになるように、（　）に1から4の番号を書きましょう。(一つ10点)

ア（一）　メスのバッタを土のくぼみのようなきに入れて、かんさつしてみました。

イ（　）　次に、頭とはねは土の上にのこして、はらだけを長くのばしながら、土の中に入れていきます。

ウ（　）　このようにして、はらの先からたまごをうみます。

エ（　）　まず、はらの先で土をおして、あなをあけました。

43

2 次の文章を読んで、後の問題に答えましょう。

> ボタンは、同じ色で、大きさのちがう大きいボタンと、小さいボタンがあります。大きいボタンは、右に見えます。
>
> ボタンを、次のようにならべます。
>
> まず、小さいボタンのかたまりを左におきます。次に、その右に、大きいボタンをよこにニつならべます。それから、左のボタンの右上に、小さいボタンをおきます。
>
> すると、小さいボタンが、大きいボタンと同じくらいの大きさに見えます。

(1) 次の⑦〜④が、一から□に入るか、①〜④の図が、文章内の番号を書きましょう。
(1つ10点)

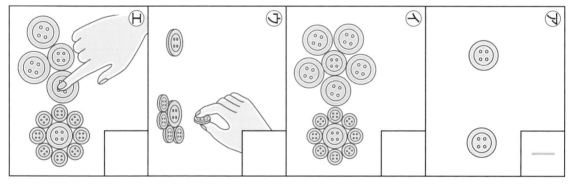

（ア）　（イ）　（ウ）　（エ）

(2) (1)の文章から、大きいボタンと小さいボタンがどんなことがわかりましたか。
(1つ10点)

① 大きいボタンと（　　　　　）は、大きさがちがうから。

② 小さいボタンが、大きさに見えること。

くもん出版

❶ 次の文章を読んで、後の問題に答えましょう。

> 石けんとお湯、センざいを用意して、シャボン玉の石けん水を作ります。
>
> はじめに、石けんを細かくけずります。
>
> 次に、それをコップ一ぱいのお湯に入れて、よくとかします。
>
> おしまいに、大さじ一ぱいのセンざいを入れてかきませれば、できあがりです。

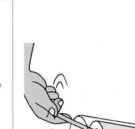

(1) 次のアからウの文が、文章の内ようのじゅんになるように、( )に一から3の番号を書きましょう。(1つ10点)

ア ( ) お湯に入れて、よくとかす。

イ ( ) センざいを入れてかきませる。

ウ ( ) 石けんを細かくけずる。

(2) 何の作り方について書かれたせつ明文ですか。(1つ5点)

①(　　　　　)の②(　　　　　　　　)の作り方について。

45

前ページの「は」「を」「へ」は、文の書き方を説明する文で使われました。次に「に」「で」「から」は、

2 次の文章を読んで、後の問題に答えましょう。

びんにつめた後に、しぼりたての牛乳を取り集めて運ばれた牛乳は、工場に運ばれると、けんさをします。ごうかくしたものだけが、細いくだを通ってタンクの中に入れられます。その牛乳は、きかいでびんやかみパックにつめられて、一つ一つはこに入れられます。できあがった商品は、トラックで運ばれて、お店にとどけられます。お店にとどけられた牛乳は、その後、わたしたちの大…

(1) 次のア〜エの文が、文章の内容と合うように( )に、文章の内容に合う番号を書きましょう。（一つ10点）

ア（　）細いくだを通ってタンクに入れられる。

イ（　）工場に運ばれて、けんさをされる。

ウ（　）牛のちちをしぼって、取り集める。

エ（　）できあがった商品が取り出される。

(2) 何ができるまでを書いた説明文ですか。（一つ10点）

①（　　　　　）の
②（　　　　　）ができるまで。

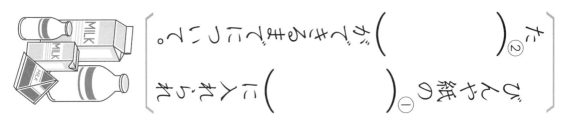

1 ◯◯のことばに注意して、（　）に合うことばを、後の◯◯からえらんで書きましょう。（一つ 10点）

(1) 雨がふってきた。 だから くつが（　　　　　　）。

　　　ぬれた ・ ぬれなかった

(2) おなかがいたい。 それで 薬を（　　　　　　）。

　　　飲んだ ・ 飲まなかった

47

2 ◯◯に合うことばを、後の◯◯からえらんで書きましょう。（一つ 15点）

(1) 早くねた。 ◯◯◯◯ 早く起きられた。

　　　でも ・ それで

(2) のどがかわいた。 ◯◯◯◯ お茶を飲んだ。

　　　だから ・ しかし

「それで」や「だから」は、前の文の内ようを受けて、後にそのけっかがつづくときに使うよ。

① ② ③・④ の「でも」「だから」「それで」「しかし」などの「つなぎことば」のような文を、

4 □に合うことばを、後の＿＿からえらんで書きましょう。(1つ15点)

(1) 早くねた。□ 早起きしたかったからだ。

でも ・ それで

(2) おなかがすいた。□、おかしを食べなかった。

だから ・ しかし

> 「しかし」「でも」は、前の文とは反対のことがらが後の文にくるときに使うよ。

3 □の( )に注意して、( )に合うことばを、後の＿＿からえらんで書きましょう。(1つ10点)

(1) 雨がふってきた。でも、□は（　　　）。

ぬれた ・ ぬれなかった

(2) 天気がいい。□、外に（　　　）。

出た ・ 出なかった

❶ □のことばに注意して、（　）に合うことばを、後の───から
えらんで書きましょう。　　　　　　　　　　　　　　　　（一つ 10点）

（1）
風がふいてきた。 また 、雨も（　　　　　　　　）。

やんだ ・ ふってきた

（2）
野球をしようか。 それとも 、
サッカーを（　　　　　　　）。

しようか ・ やめようか

「また」「そして」は、前の文
の内ようにつけたしたり、
前と後の内ようをならべた
りするときに使うよ。「そ
れとも」は、前と後の内よ
うをくらべて、どちらかを
えらぶときに使うよ。

49

❷ □に合うことばを、後の───からえらんで書きましょう。
　　　　　　　　　　　　　　　　　　　　　　　　　　（一つ 15点）

（1）
次の駅でおりる。 □　　　　　、急行に乗りかえる。

しかし ・ そして

（2）
今週にしようか。 □　　　　　、来週にしようか。

それとも ・ それから

④ 「つなぎことば」をあとの□から一つえらんで書き、前後の文が正しくつながるように書きましょう。
（１つ15点）

(1) 食事がすんだ、
　　　□
　　　出かけよう。

で・は・でも

(2) 明日（あす）は、土曜日です。
　　　□
　　　、たなばたです。

しかし・でも

③ 「つなぎことば」の（　）に注意して、（　）に合うことばを、あとの□からえらんで書きましょう。
（１つ10点）

(1) 次（つぎ）は、どんぶりものです。いためた肉は、いためて終（お）わりです。
　　（　　　　　　　　）。
　　　□ では

何（なに）をしますか・ますか・ますます

(2) はんたが、はんちょうです。あなたが、はんちょうです。
　　（　　　　　　　　）。
　　　□ しまい

予定（よてい）です・だから・代表（だいひょう）です

前の言葉を次の言葉に言いかえるときに使う「つまり」や、前の内容からあとの内容が予想できるときに使う「だから」などを、使いこなせるようになると、いいですね。

1 次の文章を読んで、後の問題に答えましょう。

> 　オジギソウの葉が、どんなときにとじるのかをかんさつしました。
>
> 　アリのような小さな虫が登ってきても、全くとじません。しかし、二センチメートルくらいのががふれると、みるみるとじていきます。
>
> 　□　うちがわにおいてみるとどうでしょう。そよ風ではとじません。しかし、強い風を送ると、頭がたれてきて、葉全体がとじてしまいました。

(1) オジギソウの葉はどうなりましたか。「しかし」に注意して、（　）に合うことばを、後の◯からえらんで書きましょう。（一つ15点）

① オジギソウの葉は、小さな虫ではとじない。しかし、ががふれると（　　　　）。

② オジギソウの葉は、そよ風では（　　　　）。しかし、強い風を送るととじる。

　とじる ・ とじない

(2) 文章中の□に合うことばを、◯からえらんで書きましょう。（15点）

　でも ・ では ・ だから

51

③ ──は、──の前と後の文がつながるように──を考えて──①は、……②の後

やがて ・ します ・ また ・ しかし ・ しかり

3 次の文章を読んで、後の問題に答えましょう。

大きいねずみを見つけると、ネコはそれをねらいます。

□②　それをとらえようとして、ネコは走り出します。ねずみも、にげるために走ります。ネコがねずみを追いかけているのです。

□①　、ねずみが、かべのあなに、にげこみました。ネコは、あなの前で立ち止まりました。そして、じっと気にとめて、会うきかいをねらっているのです。

ネコのこのような行動は、友だちに対しての大きいねずみを見る行動は……

(1) 文章中の①と②にあてはまることばを、□の中から選んで書きましょう。(1つ20点)

2 次の文章を読んで、後の問題に答えましょう。

が、大きくなっていくタツノオトシゴのたまごは、真ん中のおすのおなかの中で、ちいさいかえるのようになると、口があいて、ちいさい魚が出てきます。

□　、そして、そこで育てます。それから……

しかし ・ すると ・ それとも

次の文章中の□にあてはまることばを、後の□から選んで書きましょう。(15点)

月　日　名前

| | はじめ | 時 | 分 | おわり | 時 | 分 | かかった時間 | 分 |

とく点　点

1 次の◯◯のことばは、何をさしていますか。◯一マスに一文字が入ります。
（一つ 10点）

(1) 公園がある。そこにみんなで集まった。

〔 公 ｜ 園 〕

(2) まんが本をかってきた。それを弟に見せてあげた。

〔 ｜ ｜ ｜ 〕

(3) 教室で、ハンカチを拾った。これは、だれが落としたんだろう。

〔 ｜ ｜ ｜ 〕

(4) 大きな木にせみがとまっている。しばらくすると、それがミンミン鳴きだした。

〔 ｜ 〕

「そこ」「それ」など、さす内ようは、「そこ」「それ」よりも前の部分に出ていることが多いよ。

53

3 次の文章を読んで、後の問題に答えましょう。 (1つ15点)

ボールは、全へ同じ色に見えます。
次に、ボールを右にころがしながら、右の方の大きなボールを、①それより大きいボールにかえます。
さらに、左の方のボールを、②それより大きいボールにかえます。横に三つならびます。

(1) ①の「それ」は、何をさしていますか。
〔　　　ボール〕

(2) ②の「それ」は、何をさしていますか。
〔　　　ボール〕

---

2 次の□のことばは、何をさしていますか。 (1つ15点)

(1) みんなで公園に行ったら、だれも来ていなかった。三時に①そこに集まることにしていたのに。
〔　　〕

(2) 点の前に通ったとき、とても大きなトラックがやってきた。地面がゆれた。①それが通り……
大きな〔　　　　〕

名前

月 日

はじめ 時 分　おわり 時 分　かかった時間 分

とく点 点

©くもん出版

1 □のことばは、何をさしていますか。 （1つ 20点）

(1) タンポポの花がかれると、やがて、白いわた毛ができます。この一つ一つがタンポポのたねになります。

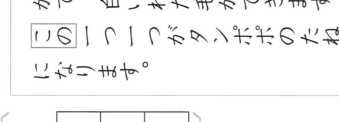

〔 白い [　][　][　] 〕

(2) トノサマガエルは、長くのびるしたを持っています。トノサマガエルは、これを上手に使って、えものをとらえます。

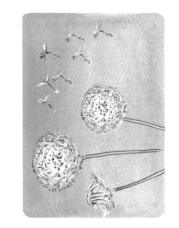

〔 長くのびる [　][　] 〕

(3) クワガタには、二本の角のように見えるあごがあります。これは、クワガタにとって、とても大切なぶきなのです。

〔 二本の角のように見える [　][　] 〕

③ 次の文章を読んで、後の問題に答えましょう。

これは、なべで
ものに火を
ともすのに、使われ
びんの中のおはしをしたら、
なべの中のおはしをしたら、びんの
なくなって、火が消えてしまうなるの
です。
たやすのに、びんの中の火を
※これは、しょう。

※これは……空気に入ってくる気体のこと。

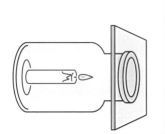

（1）これは、何をしていますか。

「ろうそくのおはが、□□□□ています。」

（20点）

56

---

② 次の文章を読んで、後の問題に答えましょう。

これは、ネコのようすが
気に会って、ともだちに
ほんとうに立っている
たちが社会の中のたちのたちがて、
ともだちのなかまの行動を見て
います。
りはしかのようすが、友だちのあ
います。

（1）これは、何をしていますか。

①「□□□□をえらんで、
②□□□□と。」

（一つ10点）

1 □のことばは、何をさしていますか。 （一つ 15点）

(1) ヒキガエルは、長くのびるしたを持っています。ヒキガエルは、[これ]を上手に使って、えものをとらえます。

| 長 | く | | | | | |

(2) クワガタには、二本の角のように見えるあごがあります。[これ]は、クワガタにとって、もっとも大切なぶきなのです。

| 二 | 本 | の | | | | | | | |
| | | | | | | | | | |

(3) タツノオトシゴのオスには、はらにたまごを育てるふくろがついています。たまごがかえると、真ん中の小さな口から、[それ]が大きくふくれて、ちぎ魚が出てきます。

| た | ま | ご | を | | | | | |

57

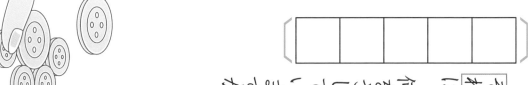

3 次の文章を読んで、後の問題に答えましょう。

友だちはまた、ネコが見せかけのしぐさをするというおもしろい行動を見せてくれました。①これは、ネコに会って、きゅうにおこりだした犬がいて、そのぼうとした犬を追いかけようとしたときに、②これは上手に会いに出るためのもので、立ち上がるとすぐにすたすたと立ち去るという対しての行動を見ものです。

（一）①と②の「これ」は、何をしていますか。
（一つ20点）

①
| | | | | | | に | と |

②
| | | | | | | に | と |

（読点「、」は一マスに使います。）

---

2 次の文章を読んで、後の問題に答えましょう。

ボタンは、みな同じ色で、大きさもにていますが、右のボタンのほうが大きく、横に二つならんでいます。それはたいせつなボタンです。

（一）「それ」は、何をしていますか。

| | | | | |

（15点）

❶ 次の文章を読んで、下の問題に答えましょう。

大豆はいろいろなすがたで食品になります。

まず、大豆をそのままいったりにたりして、やわらかく、おいしくする手くふうがあります。いると豆まきに使う豆になり、水につけてやわらかくしてからにると、に豆になります。

つぎに、こなにひいて食べるくふうもあります。大豆をいって、こなにひくと、きなこになります。

また、大切なえいようだけを取り出して、ちがう食品にするくふうもあります。大豆を一ばん水にひたし、なめらかになるまですりつぶします。これに水をくわえて、熱します。その後、ぬのをしいて、中身をしぼり出します。しぼり出したしるに、にがりというものをくわえると、かたまって、とうふになります。

さらに、目に見えない小さな生物の力をかりて、ちがう食品にするくふうもあります。ナットウキンのはたらきをかりたのが、なっとうです。むした大豆にナットウキンをくわえ、あたたかい場所に一日近くおいて作ります。コウジカビやこうぼのはたらきをかりたものが、みそやしょうゆです。

⑴ とうふを作るじゅんになるように、（　）に番号を書きましょう。
（全部できて30点）

ア（ 一 ）大豆を一ばん水にひたす。

イ（　）水をくわえて、熱する。

ウ（　）しるに、にがりをくわえる。

エ（　）なめらかになるまですりつぶす。

オ（　）ぬのをしいて、中身をしぼり出す。

カ（ 6 ）かたまって、とうふになる。

⑵ ナットウキンはどんなものですか。
（10点）

〔 目に見えない（　　　　　　）。〕

（令和2年度版 光村図書『国語三下 あおぞら』44〜47ページ「すがたをかえる大豆」国分牧衛）

もやしをそだてます。水のなかにつけて、日光に当てずにそだてると、もやしができます。ダイズを日光に当てずにそだてたものです。

また、ダイズをとり入れる時期や育て方をくふうした食べ物もあります。たとえば、ダイズがまだ若くて、さやが緑色のうちにとり入れて、ゆでて食べるのが、えだ豆です。

これらのほかに、目に見えない小さな生物の力をかりて、ちがう食品にするくふうもあります。ナットウキンの力をかりたのが、なっとうです。むしたダイズをあたたかい所におき、ナットウキンをまぜると、【②それ】がはたらいて、なっとうができます。

また、コウジカビの力をかりて、みそやしょうゆを作ります。みそを作るには、まず、ダイズをにます。【①それ】をつぶして、むした米やむぎからつくったこうじと、しおをまぜてつくります。

（1）
ア（　）そして
イ（　）ます

（2）
ア（　）
イ（　）こまり

（二つ10点）

（3） 文章中の ① と ② の「それ」は、それぞれ何をさしていますか。

① の「それ」は、何をさしていますか。

② の「それ」は、何をさしていますか。

（4） 何の作り方について書いてありますか。

①（　）の作り方について書いてあります。

②（　）の作り方について書いてあります。

（二つ10点）

（5） 文章中の ① と ② に○をつけましょう。
それぞれ、あてはまることばはどれですか。

ア（　）とうふ
イ（　）なっとう
ウ（　）みそ

（二つ15点）

月　日　名　前

はじめ　時　分　おわり　時　分　かかった時間　分

とく点

© くもん出版

① 次の□の文を読んで、後の問題に答えましょう。　（10点）

> リーはくじに当たって、うれしくなりました。

（1）リーは、どんな気持ちになりましたか。

（リーは）（　うれしく　）なりました。

② 次の□の文を読んで、後の問題に答えましょう。　（15点）

> さおりは一人きりになると、さびしくなりました。

（1）さおりは、どんな気持ちになりましたか。

（さおりは）（　　　　）なりました。

③ 次の□の文を読んで、後の問題に答えましょう。　（15点）

> はるかは悲しくて、なみだを流しました。

（1）はるかは、どんな気持ちでなみだを流しましたか。

（　悲しい　）気持ちでなみだを流しました。

④ 次の□の文を読んで、後の問題に答えましょう。　（15点）

> まさとはくやしくて、さか上がりの練習をしました。

（1）まさとは、どんな気持ちで練習しましたか。

（　　　　）気持ちで練習しました。

7 次の文章を読んで、後の問題に答えましょう。　(15点)

> おどろいて、
> 車が音を
> 立てたとき、
> ぼくは
> キキーッと音を
> 立てて
> 車が止まって
> しまいましたが、

(1) 車が音を立てて止まったとき、ぼくはどんな気もちでしたか。

気もち（　　　　　　）でした。

6 次の文章を読んで、後の問題に答えましょう。　(15点)

> やーっと
> ピストルが鳴った。
> ぼくは
> 地面をけって
> はしった。
> 地面をはしって
> ゴールへ
> とびこんだ。

(1) ゆうたくんは、ゴールへとびこんだとき、どんな気もちでしたか。

気もち（　　　　　　）でした。

5 次の□の文を読んで、後の問題に答えましょう。　(15点)

> どんどんゆれてきたので、
> きょうだいが上がって、
> さよならして、
> われとなりました。

(1) ……気もち

62

32 物語の読みとり(3)
人物の気持ち②

月 日 名前

はじめ 時 分 おわり 時 分 かかった時間 分

とく点 点

©くもん出版

1 次の□の文を読んで、後の問題に答えましょう。 (10点)

> りくはくじに当たって、おどり上がった。

(1) りくのどんな様子から、うれしい気持ちがわかりますか。

〔 （　　　　　　　　　　　　）様子から。〕

2 次の□の文を読んで、後の問題に答えましょう。 (15点)

> さおりは一人きりになると、なみだがこぼれた。

(1) さおりのどんな様子から、さびしい気持ちがわかりますか。

〔なみだが（　　　　　　　　）様子から。〕

3 次の文章を読んで、後の問題に答えましょう。 (15点)

> ピーッと笛が鳴った。
> 一点さで負けてしまった。ゆうとは形わすくちびるをかんだ。

(1) ゆうとのどんな様子から、くやしい気持ちがわかりますか。

〔くちびるを（　　　　　　　）様子から。〕

5 次の文章を読んで、後の問題に答えましょう。

「あなたの作品は、生命にあふれているね。」

先生は、ゆたかくんの作品を見て、思わず大きな声を出しました。ゆたかくんは、あなたの声をきいて、思わず手をとめました。あなたが大きな声を出したとき、上にあった図工の作品を、手でゆっくりとていねいに、ほかの作品を落とさないようにしていました。

(1) 「えいた」が、作品を見ておどろいている様子について、（　）に合うように、ことばを書きましょう。(1つ15点)

① 思わず（　　　　　　）声を出した。

② 手を（　　　　　　）にとめた。

4 次の文章を読んで、後の問題に答えましょう。

かほちゃんは、キキーッと急いで自転車をこいでいると、とつぜん音を立てて止まりました。あせをかきながら、ちょうしよく自転車をこいでいると、とつぜん音を立てて止まりました。「キキーッ。」とにぶい音を立てて、目の前で、体中がかあーっとあつくなりました。

(1) 「ほへい」が「ほ」から、おどろいた様子について、（　）に合うように、ことばを書きましょう。(1つ15点)

①（　　　　　　）が、体中から

②（　　　　　　）が、なかなか出てきました。

33 物語の読みとり③
人物の気持ち③

月　日　名前

はじめ　時　分　おわり　時　分　かかった時間　分

とく点

点

©くもん出版

❶ 次の文章を読んで、後の問題に答えましょう。　　　　　(20点)

　ピーッ、ホイッスルが鳴って、しあいが終わった。
「やったあ。」
というかん声とともに、みんなは集まって、かたをだき合った。といとう、地区大会でゆう勝した。

(1) みんながよろこんでいるのは、どうしてですか。

地区大会で(　　　　　　　　　　　)からです。

❷ 次の文章を読んで、後の問題に答えましょう。

　りょうは、おそるおそる病室のドアを開けた。おじいちゃんは、りょうを見つけると、
「おお、りょう。こんな遠くまで、よく来たな。」
と、にこにことわらった。

(1) おじいちゃんが「にこにことわらった」のは、どうしてですか。　　　　　(一つ 20点)

りょうが、こんな①(　　　　　　　　)まで、

おみまに②(　　　　　　　　)からです。

65

④ 次の文章を読んで、後の問題に答えましょう。　（20点）

> 空き地の前で、子犬がワンワンと鳴いています。その声を聞いたせなくんは、「ぼくがいくからね。」と、子犬をだきあげました。小さな子犬は、せなくんの手の中にすっぽりおさまりました。せなくんは、子犬をだいたまま、両手を差し出すように思わず……

(1) 「ぼく」が、「ぼくがいくからね。」と言ったときの様子を読みとって、後の（　　）にあてはまることばを、　からえらんで書きましょう。

> やさしい ・ にこにこ ・ かなしい ・ うれしい

〔子犬が（　　　　　　）なったから。です。〕

---

③ 次の文章を読んで、後の問題に答えましょう。　（20点）

> それをたしかめようと、けんじはへやに帰りました。へやに帰ると、たいへんです。れんくんが遊んでいたプレゼントが、急になくなっていることに、けんじの目にとまりました。それをたしかめると、……部屋に……

(1) 「れんくんがなくなった」のは、後の（　　）にあてはまることばを、　からえらんで書きましょう。

> うれしく ・ 楽しく ・ かなしく ・ さびしく

〔急に一人になって（　　　　　　）なったから。です。〕

月　日　名前

はじめ　時　分　おわり　時　分　かかった時間　分

とく点　点

©くもん出版

1 次の文章を読んで、後の問題に答えましょう。

> 「もう帰ろうよ。」
> かずきは、今にもなきだしそうな声で、兄のまさとの顔を見上げた。しかし、
> 「だめだよ。ボールを見つけるまでは帰れないよ。」
> と、まさとは強く言い返した。

(1) まさとが、ねばり強く、さいごまであきらめない子であることが、どんなところからわかりますか。（一つ10点）

「だめだよ。ボールを見つけるまでは①（　　　　　）。」
と、強く②（　　　　　）ということから。

67

2 次の文章を読んで、後の問題に答えましょう。

> 赤ちゃんをだいた女の人が、バスに乗ってきたので、ななは、「どうぞ。」と言って、せきをゆずった。

(1) ななは、どんな子ですか。（　）に合うことばを、後の　　からえらんで書きましょう。（一つ10点）

（　　　　　）子　（　　　　　）子

やさしい ・ わがままな ・ 意地悪な ・ 親切な

くもん出版

③ 次の文章を読んで、後の問題に答えましょう。

子犬を両手でだいて、ぼくは空き地の前の道を通った。子犬は、「ワン。」と鳴いた。「だいじょうぶかい。」と言いながら、ぼくは、子犬をだき上げた。ぼくは子犬をそのままつれて、家に帰った。家に帰ると、ぼくは、「お母さん、子犬をかってもいい。」と言った。すると、ぼくのお母さんは、その声を聞くと、子犬を思わず、小さな子犬を考えながら、ぼくは、もう……

(1) ──①「ぼく」が子犬に「だいじょうぶかい。」と言ったときの子犬の様子に合うことばを、（　）に書きましょう。(1つ15点)

① 小さな子犬を〔　　　　　　　〕して、

② 子犬は〔　　　　　　　〕と鳴いた。

(2) ──②「ぼく」の「だいじょうぶかい。」という声に合うことばを、下の　　からえらんで書きましょう。(1つ15点)

① 子犬を〔　　　　　　　〕から。

② 自分で〔　　　　　　　〕といい。

だ・て・に・お・つ・れて・・帰った・・子犬を・声を聞いた

1 次の文章を読んで、後の問題に答えましょう。

今日は、いよいよピアノの発表会だ。

花の番が近づいてくると、花は、だんだんむねがどきどきして、体がふるえてきた。「どうしよう。」と思って、きゃくせきにいるおかあさんの方を見ると、おかあさんが、にっこりして、「花ちゃん、いつものようにやればだいじょうぶ。」と言ってくれた。そのことばを聞くと、花は、急に、からだの力がすうっとぬけて、ふしぎと落ち着いてきた。

(1) 「むねがどきどきして、体がふるえてきた」のはどうしてですか。（10点）

　花がピアノをえんそうする（　　　　　　　　　）が近づいてきたからです。

(2) ひとみのやさしい人がらがわかることばをさがして、文の右横に――を引きましょう。（15点）

(3) ひとみのことばを聞いて、花は、どうなりましたか。（一つ10点）

急に①（　　　　　　　　　）がぬけて、ふしぎと
②（　　　　　　　　　）きた。

> 「ボールなどは、どうでもいいから、帰ろう。」と、ぼくはすぐにへやのボールを見上げた。今にでも帰ろうとしたが、空が暗いし、明日にしよう。と言った。すぐにボールを見つけたけれど、声も元気な声で、すがはボールを見つけたから、気持ちをすこしよくした。「すぐにボールを見つけたよ。」と言った。「早く帰れよ。」と、兄の顔を見上げたときに、すがはもう帰っていました。「ただいま。」と、すぐにへやの方へ帰りました。「ただいま。」

(1) 後かずきは、どんな気持ちですか。（　　　　　）に合うことばを、◻からえらんで書きましょう。（10点）

（　　　　　　　　　　　）気持ち。

(2) すがが「ただいま。」と言ったのは、なぜですか。（1つ15点）

何か食べたい ・ 早く帰りたい

（　　　　　　　　　　　　　　　　　　　　　　）

(3) 弟思いの右横に──がわかる人がわかるから、まりのいい人が──を引きましょう。（15点）

① （　　　　　　　　　　　）を見つけたから、

② （　　　　　　　　　　　）と思ったから。

❶ 次の文章を読んで、下の問題に答えましょう。

「あなたが来てくれて、ほっとしましたよ。」

やぎのほうは、あいてがおおかみだとは、まだ気がつかない。

「そりゃあ、おいらだって、あらしの夜に、こんな小屋に一人ぼっちじゃ、<u>心細くなっちまいますよ</u>。」

どうやらおおかみのほうも、あいてがやぎだとは気づいていない。

「よかったしょう。うっ……ごほごほ。」

「どうしました。」

「こやあ、ここに来る時、ちょっと、足をね。」

「そりゃあ、たいへん。ほら、こっちに足をのばしてくださいよ。」(一部省略)

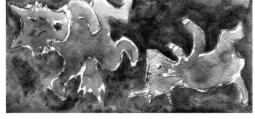

(1) おおかみが来て、やぎはどんな気持ちになりましたか。(10点)

〔　　　　　　　　　　　〕

(2) おおかみが「<u>心細くなっちまいますよ</u>」と言うのはどうしてですか。(一つ10点)

①（　　　　　　　　）の夜に、

小屋に②（　　　　　　　　）だったから。

(3) やぎにやぎであることが、どんなところから分かりますか。(一つ10点)

おおかみが①（　　　　　）を
いためているのを知って、

「こっちに足を
②（　　　　　　　　）。」

と言ったところから。

71

（令和2年度版　教育出版　ひろがることば　小学国語三上　98〜101ページ　木村裕一『あのよるのこと』「あなたに会えてよかった」による）

にすると悪いことをしているような気がするのさ。

「そう言われてみれば、あのときにあったことがたくさんおもいだされる。」

おおかみはロをひらいた、それはやぎのおくさんのこえではなく、あのおおかみのこえでした。

「やっぱりおまえだったのか。」

やぎのおくさんのこえは、ふるえていました。

「そうです。あのときのおおかみです。」

「……」

「なぜ、そんなにわたしたちにしんせつにしてくれるのですか。」

やぎのおくさんのこえがきこえました。

「なぜかって？ほんとうはわたしにもよく分からないんです。」

おおかみはこまってしまいました。

「でも、みんなでいっしょにいると、とてもたのしくて……」

大きくおおかみは、

右ページ本文（つづき）

（4）「にげることが」とありますが、おおかみがにげたのは、どうしてですか。（10点）

（5）____ おおかみのこえを聞いて、やぎのおくさんはどうしましたか。（10点）

（6）おおかみのこえを聞いて、
①（　　　）とおもっていたおおかみが、
②（　　　）と言ったから。
おおかみのこえを聞いた。（二つ10点）

とおもっていました。
①（　　　）まで、おおかみのこえを聞いて、高いところにいたから、あのほうへ。
②（　　　）と言っていたから、あのほうへ。
とおもっていました。（二つ10点）

72

くもん出版

1 次の文章を読んで、後の問題に答えましょう。

①クワガタには、二本の角のように見えるあごがあります。これは、クワガタにとって、もっとも大切なぶきなのです。

②夜、クワガタは、木のみきから出るしるをすいにやってきます。しるの出口がせまいと、そこに集まってきたほかの虫を、このあごを使って追い出してしまいます。

③まだ、クワガタのせなかを軽くしていて、あごをふり上げておこります。これは、このあごで大きなあごでてきをいかがらせるためです。

(1) ①のまとまりから、クワガタにとって、何が「もっとも大切なぶき」だとわかりますか。（15点）

〔二本の角のように見える（　　　　　）。〕

(2) ②のまとまりから、クワガタは、何を使ってほかの虫を追い出すことがわかりますか。（10点）

〔（　　　　　）を使って追い出すこと。〕

(3) ③のまとまりで、クワガタが「あごをふり上げて」おこるのはどうしてですか。（15点）

〔大きなあごで、てきを（　　　　　）だめです。〕

©くもん出版

② 次の文章を読んで、後の問題に答えましょう。

① ピンセットは、いろいろなものをつまんで、長くつかんで持ったり、運んだりするのに使う道具です。

② ピンセットは、手で持つことのむずかしい、小さなものやこわれやすいものを、つまんで使うことができます。ロの中に入れた虫をつかまえて、出したくないと思ったときには、ロの先を近づけて、つまんで出します。むしめがねの中の虫を近くに見るのにも、ピンセットを上手に使います。

③ 出したくないと思ったときには、ロの先を近づけて、つまんで出したりします。

(1) ①の ピンセットは、「何を」「上手に使う」ための ものですか。
　（　　　　　　　　　　）を上手に使うため。（10点）

(2) ②の ピンセットには、何に 書かれていますか。（一つ10点）
　ア　ピンセットが（　　　　　　　　　）
　① ピンセットを使って（　　　　　　　）を つかまえること。

(3) ①と②の ことから、ピンセットは、どんなことに 使うと 合っていますか。（一つ15点）
　ア ピンセットは（　　　　　　　　　）
　① （　　　　　）を動かして。

38 せつ明文の読みとり(3)
だいじなところ(要点)②

月 日 前 名

はじめ 時 分　おわり 時 分　かかった時間 分

とく点 点

©くもん出版

1 次の文章を読んで、後の問題に答えましょう。

①夏の暑い日、雨が何日もふらないで、ほかの草花がかれてしまっても、タンポポはかれません。また、葉がふまれたり、取れたりしても、また生えてきます。

②なぜ、このようにタンポポはじょうぶなのでしょうか。

③それは、ほかの草花にくらべて、根が長いからです。根が長いために、地下深くからも水分をとることができます。また、葉がいたんでも、根が生きているので、新しい葉を作りだすことができるのです。

75

(1) ①のまとまりは、何について書かれていますか。( )に合うことばを、②のまとまりからさがして書きましょう。
(10点)

　タンポポが（　　　　　　　　）な
　草花であることについて。

(2) タンポポがじょうぶなのは、なぜですか。③のまとまりから、そのわけをさがして、( )に合うことばを書きましょう。
(1つ10点)

　⑦（　　　　　　　　）ために、地下深くからも
　⑦（　　　　　　　　）をとることができ、葉がいたんでも、
根は⑦（　　　　　　　　）からです。

2 次の文章を読んで、後の問題に答えましょう。

① せんたくのりは、どろっとした茶色い水のような（えき体）です。この中に、空気のつぶのようなものがたくさん入っているのです。

② せんたくのりの水をしぼり出して、空気のつぶを見つけるにはどうしたらよいでしょう。実けんしてみましょう。

③ せんたくのりに、少しずつ水を入れていきます。すると、空気が入って、のびるようになります。

④ よくのびるようになったせんたくのりは、空気をたくさん取りこみます。

（1）この文章では、ひっしゃは何を使って何を説明していますか。

（　　　　　　　　　　　　）

（2）──せんのところで、ひっしゃは何を使って説明していますか。

⑦（　　　　　　　　　　　　）
④（　　　　　　　　　　　　）
（15点 一つ15）

（3）せんたくからできたもので、この中にあるものは、③・④のどれですか。

（　　　　　　　）ですから。

（15点）

76

1 次の文章を読んで、後の問題に答えましょう。

①ヒキガエルは、長くのびるしたを持っています。ヒキガエルは、これを上手に使ってえものをとらえます。どのようにしてとらえるのか、かんさつしてみました。

②ヒキガエルの近くに小さな虫が近づいてくると、ヒキガエルは口をゆっくり開けます。そして、したを出したと思ったしゅん間、もう虫をとらえています。

③分かい写真などで見ると、したのうらに虫をくっつけ、したをまくようにして口の中に入れる様子が分かります。

(1) 次のことがらは、①から③のどのまとまりに書かれていますか。(一つ10点)

あ　したを出したしゅん間、虫をとらえていること。………□のまとまり

い　したのうらに虫をつけ、したをまいて口の中に入れること。………□のまとまり

う　ヒキガエルは、長くのびるしたを持っていること。………□のまとまり

(2) ヒキガエルがしたを使ってえものをとる様子は、①から③のどのまとまりに書かれていますか。二つ書きましょう。(一つ10点)

□と□のまとまり

2 次の文章を読んで、後の問題に答えましょう。

やどかりは、貝がらを、①ヤドカリは、やわらかいおなかをもっています。②なぜなら、ヤドカリは、木のみきにいます。夜には、②ヤドカリは、木の角のようにして集まります。

ヤドカリは、貝がらを使ったり、いろいろな虫を追い出したりすることがあります。③ヤドカリは、やわらかいおなかをまもるために、貝がらを使っています。③ヤドカリは、軽くてじょうぶなものを大切にしています。

（一）①ヤドカリは、どこにいますか。

⑤あ……………のところと、

⑥い……………のところ

（2）②ヤドカリは、なんのために、貝がらを使っていますか。

　　　（　　　　　　　　　　　　　　　）ため。

（3）③のところに書かれているヤドカリの様子を、（一）から使っていることを、□□□のところと書きましょう。

　　□□のところ

78

① 次の文章を読んで、後の問題に答えましょう。

①夏の暑い日、雨が何日もふらなくて、ほかの草花の葉がかれてしまっても、タンポポはかれません。また、葉がふまれたり、取れたりしても、また生えてきます。

②なぜ、このようにタンポポはじょうぶなのでしょうか。

③それは、ほかの草花にくらべて、根が長いからです。根が長いために、地下深くからも水分をとることができるので、また葉がいたんでも、根が生きているので、新しい葉を作りだすことができるのです。

(1) 「このように」は、①から③のどのまとまりをさしていますか。 (20点)

□ のまとまり

(2) ②と③のまとまりは、それぞれどんなはたらきをしていますか。後の □ からえらんで書きましょう。 (一つ15点)

②……(　　　　　　　　　　)

③……(　　　　　　　　　　)

問いかけ ・ かんさつしたこと
答え ・ 実けんしたこと

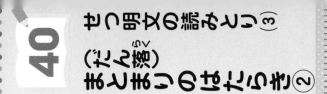

この文の終わりは、「〜か。」や「(なぜ)〜でしょう。」だよ。

79

⁎ 「でも、このように、せんたくものがかわくのは、空気の中に水が入ってにげこんでいるからなのですね。

問い・かけ・とける・こたえ・実けん・答え

①と〔　　　　　　　　〕④と〔　　　　　　　　〕の様子。

(3) ①と④のことばは、どんなことをあらわしていますか。後の〔　　〕からえらんで書きましょう。　（10点）

〔　　　　　　　　　〕のこと。

□ のこと。

(2) ②「このように」は、①から④のどのことをさしていますか。□の中に書きましょう。　（15点）

〔　　　　　　　　〕してみた。

(1) ①のように、調べるために、何をしてみたのですか。　（15点）

80

---

2 次の文章を読んで、後の問題に答えましょう。

空気のつぶに①水を入れたとき、せんたくものがかわくのは、空気の中に水がにげこんでいるからです。

②たりしていくのは、空気のつぶとつぶの間に、すきまがあるからです。もし、すきまがなくぴったりとくっついていたら、水を入れても、せまくなってしまいます。でも、③たりせんたくものの水が、空気の中に入っていくのは、そのすきまがあるからです。

④「このように」、せんたくものの水が、空気の中ににげこんでいるのです。

41

かくにんドリル⑥
「ありの行列」

月　日
名　前

点

はじめ　時　分
おわり　時　分
かかった時間　分

とく点

©くもん出版

❶ 次の文章を読んで、下の問題に答えましょう。

①　夏になると、庭や公園などで、ありの行列を見かけることがあります。その行列は、ありの巣から、えさのある所まで、ずっとつづいています。ありは、ものがよく見えません。それなのに、なぜ、ありの行列ができるのでしょうか。
（一部省略）

②　これらのかんさつから、ウイルソンは、地面に何か道しるべになるものをつけておいたのではないか、と考えました。

③　そこで、ウイルソンは、ありの体の仕組みを、細かに研究してみました。すると、ありは、おしりのところから、とくべつのえきを出すことが分かりました。それは、におい

（1）　②のまとまりのだいじなことは、なんですか。
（一つ10点）

①（　　　　　　　　）が、地面に何か

②（　　　　　　　　　）になるものをつけておいたのではないか、と考えたこと。

（2）　③のまとまりの「とくべつのえき」とは、どんなえきですか。
（一つ10点）

あり の①（　　　　　　　）のところから出る、

②（　　　　　　　　）のある、

③（　　　　　　　　　）えき。

81

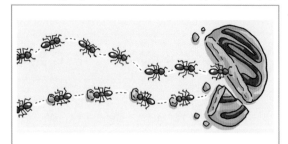

（令和2年度版 光村図書 国語三下『ありの行列』大滝哲也 96〜100ページによる）

あり、その巣にえさを持って帰る所におきます。

⑥ 地面にもちそこにつけたにおいをかぎながら、えさのつづくかぎりさがしつづけています。そして、地面にえさを持って帰るのです。

このように、ウ エルは、はたらきありが、地面にえさを持って帰るときに、おしりから何かをつけておくのではないか、と考えました。

⑤ は、知りあいの研究しゃ ウ エルは、この行列について、はたらきありが、地面にえさを持って帰るときに…

④ この、えさですが、
ウ エルは、

（3）「一」の研究から、
□は「□」
（15点）

からしてこのとおりはしょう。
さいしょに○をつけたのは、
□の研究から

（4）
えさで、○を合いごうは□
のとおり。
（15点）

（5）
あり、何行列が［えきの］
えきから何を
しょう。
（10点）
ア（　）
イ（　）
ウ（　）

（6）
しょうらいと、□の□を○を一けんは—
（6点）
えきのからたことが何を
〔　　　　　）。
（15点）

ウ（　）
イ（　）
ア（　）
問と問と実けんと答え。
（10点）

82

名　前

日

月

1 次の詩を読んで、下の問題に答えましょう。

わたしと小鳥とすずと

わたしが両手をひろげても、
お空はちっともとべないが、
とべる小鳥はわたしのように、
地面をはやくは走れない。

わたしがからだをゆすっても、
きれいな音はでないけど、
あの鳴るすずはわたしのように、
たくさんなうたは知らないよ。

すずと、小鳥と、それからわたし、
みんなちがって、みんないい。

(1) 「わたし」と小鳥は、それぞれ何ができますか。　（一つ10点）

・小鳥は空を
①（　　　　　　　）。
・「わたし」は地面を
②（　　　　　　　）。

(2) 「わたし」とすずは、それぞれ何ができますか。　（一つ10点）

・すずはきれいな音が
①（　　　　　　　）。
・「わたし」はうたを多く
②（　　　　　　　）。

(3) 「わたし」、小鳥、すずについての作者の思いが書かれた一行を、詩からさがして書きましょう。　（10点）

（　　　　　　　　　　　）

（令和2年度版 光村図書 国語三上 わかば 112〜113ページより
「わたしと小鳥とすずと」 金子みすゞ）

次の詩を読んで、下の問題に答えましょう。

（平成27年度版 東京書籍「新編 新しい国語 三上」より「どちらが とくやら」はせ がわ せつ子）

春の子ども

おおぴ ひくぴ のおく があったい
あったい

風の子どもが あったい あったい

川の背なか ぴくぴく水が 目をさます

風のゆび ぴくぴのうが あったい あったい

雪どけ水が ぴくぴく 芽を出した

春の子ども

---

(1) 「あったい」のくりかえしは、春のどの時期を表していますか。○をつけて、詩で何を○をつけて。（10点）

ア（　）冬のはじまり。

イ（　）春のはじまり。

ウ（　）春の終わり。

(2) 「ぶきのこと」は春の何を表していますか。書きましょう。（10点×2）

[　　　　　　　　]

[　　　　　　　　]

(3) 「あったい」のくりかえしは、だれが感じたのですか。さがして書きましょう。（5点×2）

[　　　　　　　　]

[　　　　　　　　]

(4) 春の子どもの様子を表して、行動を、詩から出します。さがしましょう。（10点）

[　　　　　　　　]

1 次の詩を読んで、下の問題に答えましょう。

ゆうびのてがみ

ゆうびんやさんが
ゆうひを せおって
さかみちを のぼってくる
まるで きりがみのように
ゆうひを なくしず
ちぎって
「ゆうび」
ポストに ほうりこんで

ゆうびんやさんが
かえったあと
いえいえのまどに
ぽっと ひがともる

(平成27年度版 教育出版 ひろがる言葉 小学国語3下 66〜67ページより「ゆうひのてがみ」野呂昶 和え）

(1) ＿＿は一日のうちのいつごろですか。また、ゆうびんやさんは何にいますか。(一つ15点)

[一] [　　　　　　　]

[に] (　　　　　　　)
をのぼっている。

(2) 〜〜は どんな様子ですか。一つえらんで、○をつけましょう。(15点)

ア(　)だんだん日がしずんでいく様子。

イ(　)だんだん空が明るくなっていく様子。

ウ(　)だんだん雲がなくなっていく様子。

(3) この詩は、読み手にどんな感じをあたえますか。合うほうに、○をつけましょう。(15点)

ア(　)あたたかい感じ。

イ(　)つめたい感じ。

85

みもと。

① この詩だね。

② 夕日がせなかをおしている場面の様子を思いうかべながら、読んで
みよう。

2 次の詩を読んで、下の問題に答えましょう。

（令和2年度版
教育出版
「ひろがる言葉 小学国語三下」
阪田寛夫「夕日がせなかをおしてくる」
68〜69ペー
ジより）

（い）
ゆうひがせなかをおしてくる
まっかなうででおしてくる
あるくぼくらのうしろから
でっかいこえでよびかける

さよなら さよなら
さよなら さよなら
きみたち 太陽

ばんごはんが まってるぞ
あしたの朝 ねすごすな

（あ）
ゆうひにせなかをおされて
ぼくらは まわれ右
ぐるりふりむき 太陽に
でっかいこえで よびかえす

さよなら さよなら
さよなら さよなら
きみたち 太陽

あしたの朝 ねすごすな

---

(1) 「まってる」とは、どういうことですか。正しいほうに○をつけましょう。(10点)

ア（ 　 ）夕日の力が強いということ。

イ（ 　 ）夕日の光がまぶしいということ。

ウ（ 　 ）ぼくらの長い線ということ。

---

(2) あといは、それぞれどんな様子でしょうか。書きましょう。(一つ10点)

あ（　　　　　　）それ

い（　　　　　　）それ

---

(3) この詩から、どんな様子が予想できますか。正しいほうに○をつけましょう。(10点)

ア（ 　 ）さけんでいる様子。

イ（ 　 ）苦しそうな様子。

ウ（ 　 ）元気そうな様子。

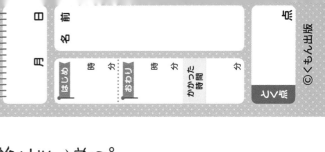

月　日　名前　点

| はじめ | 時　分 | おわり | 時　分 | かかった時間 | 分 |

とくてん

© くもん出版

1 次の文章を読んで、下の問題に答えましょう。

一週間のお客さんの仕事が終わり、この旅館を引きあげていくことになりました。

お客さんが帰って、後かたづけがすむと、むすめはエプロンを外しました。

まだ、たくさんのお客たちが、ゆうすけに、いくこと

「それじゃあ、わたしも、そろそろ帰ろうかな。」

「ええ。でも、もう帰ってしまうの。」

ると、むすめは、下を向きました。

「畑のダイコンが、今、ちょうどいいんです。父さん一人じゃ、ゆうが、ぬくのをおくれると、み目が、なくなって

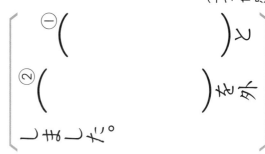

(1) 後かたづけがすむと、むすめはどうしましたか。（一つ10点）

① (　　　　　　) と

② (　　　　　　) を外しました。

(2) 「ぼくが、がっかり」したのはなぜですか。（15点）

〔　　　　　　　　　　　　　　〕

(3) 「まほう」とありますが、どんなまほうですか。（15点）

〔　　　　　　　　　　　　　　〕

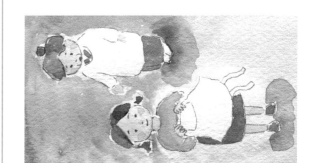

（令和2年度版 東京書籍 新しい国語 三下 118〜120ページ すずむらまさし『ウサギのいる旅館』）

にじをていねいにたたんで帰ってくると、むすめは「ありがとう。」と、畑のほうに返しながら

「帰ってくるから、おれいなんかいらないよ。」しは、わたしをりょう手でつつむようにかかえると、むねのにおいがわたしの鼻をくすぐりました。

にじは、わたしをそっとおろすと、畑のほうにかけ足で帰っていきます。

にじは、そのとちゅうで引きかえしてきて、

「今夜、空を見てほしいんだ。ぼくたちウサギの星の歌を聞いて。」

耳はいつものように大きくぴんと目を上へぴんと立てています。

右ページ（問題欄）

帰ってきました。

（ ① ）と、（ ② ）を

（10てん）

（6）
帰ってきたときのむすめの様子で

[ ]

（15てん）

（5）
返しながら（ イ ）
たがい耳お由が大きくわたへ自分から理由が
たがいの由が理由が客さわたへ自分から

（15てん）

（4）
なにをしましたか。
にじはウサギの星の歌をうたってくれた（ ア ）
むすめはにじを大きく○をつけなさい。

1 次の文章を読んで、下の問題に答えましょう。

モチモチの木、ってのはな、
小屋のすぐ前に立っている、でっかい木だ。

モチモチの木って名前は、豆太がつけたんだ。

秋になると、茶色いぴかぴか光った実を、いっぱいふりおとしてくれる。その実をひろいあつめておいて、石うすでこなにひいて、それをもちにこねあげて、ふかして食べると、こいつがまたうまいんだ。

「やい、木ぃ、モチモチの木ぃ、実ぃ落とせぇ。」

なんて、昼間は木の下に立って、足ぶみをして、いばってさいそくしたりするくせに、夜になると、豆太はもう

※じさま…おじいさん。

(1) モチモチの木は、どんな木ですか。( )に合うことばを書きましょう。
（一つ10点）

① 小屋のすぐ前に立っている（　　　　　）木。

② 秋になると、茶色に光った（　　　　　）を落とす木。

(2) もちのおいしい様子がしている部分を、さいしょの文章の右横に──を引きましょう。
（15点）

(3) ──から、豆太のどんな様子がわかりますか。一つえらんで○をつけましょう。
（15点）

ア（　）昼間、こわがっている様子。

イ（　）昼間、いばっている様子。

ウ（　）夜、こわがっている様子。

〈令和2年度版 光村図書 国語三下 あおぞら124〜125ページによる〉
「モチモチの木」斎藤隆介

※　ねんねこ……赤ちゃんをおぶった上から着るわた入れのはんてん。

（本文）

豆太は、真夜中に、ひょっと目をさました。

頭の上で、くまのうなり声が聞こえたからだ。

けれど、まくら元で、くまみたいに体を丸めてうなっていたのは、じさまだった。

「じさまぁっ。」

こわくて、びっくらして、豆太はじさまにとびついた。けれども、じさまは、

「ま、豆太、心配すんな。じさまは、ちょっとはらがいてえだけだ。」

と言って、ますます体を丸めてうなるだけだ。

「医者様をよばなくっちゃ。」

豆太は、小犬みたいに体を丸めて、表戸を体でふっとばして走りだした。

ねまきのまんま。はだしで。半道もあるふもとの村まで——。

（5）両手で、木が

①（　　　）

②（　　　）

（10点×二つ）

（4）「豆太が『モチモチの木に、灯がついている。』のを見たのは、

（6）

ア（　　　）

イ（　　　）

（15点）

ウ（　　　）おへびのようす。

イ（　　　）おとこのようす。

ア（　　　）おとしより。

（15点）

46 こくごドリル③
「サーカスのライオン」

月　日　名　前　　　　　　　点

はじめ　　時　　分　　おわり　　時　　分　　かかった時間　　　分

とく点

©くもん出版

❶ 次の文章を読んで、下の問題に答えましょう。

町外れの広場に、サーカスがやってきた。

（一部省略）

ライオンのじんざは、年取っていた。ときどき耳をひくひくさせながら、テントの中で、一日中ねむっていた。ねむっていると、いつもアフリカのゆめを見た。ゆめの中に、お父さんやお母さんやお兄さんたちがあらわれた。草原の中を、じんざは風のように走っていた。

自分の番が来ると、じんざはのそりと立ち上がる。

（一部省略）

「さあ、始めるよ。」

ライオンつかいのおじさんが、チタン、チタンとむちを鳴らすと、じんざは次のしかけでジャンプした。うまくもえる輪の中をくぐりぬける。いいものだ。二本でも三本でも、もえる輪の中をくぐりぬける。

（1）ライオンのじんざの様子で、正しくないものを一つえらんで、×をつけましょう。
（10点）

⑦（　　）年取っている。

⑦（　　）一日中ねむっている。

⑦（　　）自分の番が来ると、すぐに少く立ち上がる。

（2）じんざは、ねむっているとき、どんなゆめを見たのですか。
（一つ10点）

アフリカの①（　　　　　）の中を、②（　　　　　）のように走っているゆめ。

（3）「チタン、チタン」は、なんの音を表していますか。
（10点）

（　　　　　）音。

（令和2年度版 東京書籍『新しい国語 三上』128〜130ページより）
『サーカスのライオン』川村たかし

して外へ出た。

じんざは毎日、同じ気持ちで外へ出た。

きライオンは服を着たり、たばこをすったりして、いろいろなことをした。そのあいだ、ライオンは人間のようにくらしていた。

「わたしにもわかるような気がするよ。」
「さんぽですか。」

（い）
「そうだとも。」じんざは、おきゃくがいないときも、毎日同じへんじをした。

（あ）
「おじいさん、元気かい。今日も出てきたね。」などと、まちのひとがこえをかけてくれた。サーカスのおきゃくがよんでくれたりした。

夜になると、じんざはまた、サーカスのテントにもどっていった。ライオンは、ずっと昔、ほんとうのライオンだったときのことを思い出して、風車屋の小屋のおくで、くたびれてねむるのだった。

（一節）

（4）〜〜〜線「...」とありますが、じんざはどんな様子を言っているのでしょうか。（10点）

〔　　　　　　　　〕ようす。

（5）あ・いは、だれがだれのことを言ったのはそれですか。記号で答えましょう。（一つ10点）

あ〔　　　　〕
い〔　　　　〕

（6）〜〜〜線「...」について、
あ〔　　　　〕
い〔　　　　〕
（一つ10点）

どの人からもおじさんがおんぶしてもらうとかけてくれました。

（7）サーカス小屋に出る
ア（　　　）
イ（　　　）
ウ（　　　）

じんざの楽しみが出る気持ちを、四字で書き表しましょう。（15点）

くもん出版

1 次の文章を読んで、下の問題に答えましょう。

①めだかの体は、自然のきびしさにもたえられるようになっているのです。

②夏の間、何日も雨がふらないで、小川や池の水がどんどん少なくなり、「ふな」や「こい」などは、次々に死んでしまいます。　□①　めだかは、体が小さいのでわずかにのこされた水だまりでも生きられます。小さな水だまりでは水温がどんどん上がりますが、めだかは四十度近くまで水温が上がってもたえられます。

(1) この文章は、どんなことについて書いていますか。(一つ 10点)

①（自然の　　　　）にも
たえられる

②（　　　　）に
こと。

(2) □①に合うことばを一つえらんで、○をつけましょう。(10点)

ア（　　　）でも

イ（　　　）また

(3) ②のまとまりでは、めだかの体について なんと書いていますか。(一つ 10点)

・体が①（　　　　）。

・②（　　　　）近く
の水温にもたえられる。

93

（令和2年度版 教育出版
杉浦宏『さけが大きくなる』
による 小学国語三上
56〜57ページ）

3 ②

さけは川で生まれますが、川には生きていられません。たまごからかえると、小さなさけは、むれて川を下り、海に出ます。

③海の水はしおからいのですが、さけのからだは、しおからい海の水の中でも生きられるように、だんだんかわってきます。

それで、海に出られるようになると、大きな川の水が流れこむ川口のあたりにあつまって、海の水になれていきます。

ちかごろは、大雨がふると川や池の大水が、近くの小川や田んぼにもながれこみます。そのまま、また川へもどれるものはよいのですが、田やくらの水の中に生まれてしまうものもあります。

2

3 ②

にのまへ、「海にながれこむ」

（4）②の□に入ることばを、あとから一つえらんで、記号を書きましょう。
（　）

□ ア　方　イ　だから　ウ　しかし

②……（　）（15点）

（5）③の□のところに、どんなことが書いてありますか。（20点）

③のところに、まだよわい魚は、どこへ書いてありますか。

（6）③の□の合うものを一つえらんで、○をつけましょう。（15点）

ア（　）海水にも体になれる。

イ（　）川水にもたえられるように。

ウ（　）しかたなく海にあつまらせられる。

ア（　）まみずにもたえられるように。

イ（　）海水にもたえられるように。

ウ（　）川でもしかたえられるように。

1 次の文章を読んで、下の問題に答えましょう。

節分の夜、おにの「おにた」は、こらきのない家に入った。

部屋のまん中に、ふとんがしいてあります。ねているのは、女の子のお母さんでした。

女の子は、新しい雪でひやしたタオルを、お母さんのおでこにのせました。お母さんが、こられこすと開けて言いました。

「おながすいたでしょう？」

女の子は、①にっこりとしました。そして、首を横にふりました。

「ここえ、すいてないわ。」

と答えました。

「あたし、さっき食べたの。あのねえ……、お母さんがねむっている時。」

(1) 女の子は、部屋で何をしていましたか。（一つ 10点）

新しい雪で

① (　　　　　　　　　) を、お母さんの

② (　　　　　　　　　) にのせました。

(2) 女の子のお母さんは、なぜねているのですか。（15点）

(3) ①──のときの女の子について、正しいものを一つえらんで、○をつけましょう。（15点）

ア (　　) おながすいた。

イ (　　) おながすいてはいた。

ウ (　　) おながすいていた。

95

（令和２年度版 教育出版 版
『ひろがることば 小学国語 二下』
一一〇～一一三ページ）

「なにか
たべるものは
ないの。」

おなかがすいて、
ねていた男の子が
おきてきて、
女の子に言いました。

女の子は、
「きょうは、
せつぶんだから、
まめを食べましょう。」
と言って、
台所へ行きました。

台所には、
おみそしるが一ぱいと、
大根が二切れ、
米のとぎじるが
のこっているだけで、
何も食べるものは
ありません。

②しろいごはんも、
おみそしるも、
長い女の子と
男の子の
二人の子のために、
おかあさんは、
今日は
節分だから、
豆を赤おにに
なげるという
気持ちで
とっておきました。

（20点）

（6）台所を見て、おかあさんは、
どんなようすでしたか。

ア（ ）おどろいた。

イ（ ）こわくなった。

ウ（ ）かなしくなった。

（15点）

（5）女の子は、どんなようすでしたか。○をつけましょう。

ア（ ）おかあさんに、よういしてもらったごはんを食べられなかったから。

イ（ ）おかあさんにしかられて、おこっていたから。

ウ（ ）おかあさんにけんかをしたから。

（15点）

（4）女の子が②のように言ったのは、なぜですか。

96

月　日　名前

はじめ　時　分
おわり　時　分
かかった時間　分

点

とく点

©くもん出版

1 次の文章を読んで、下の問題に答えましょう。

1 だまりのからをわらないで、どちらがゆでたまごで、どちらが生たまごかを見分けることはできないものでしょうか。

2 まず、ゆでたまごと生たまごを両手の上にのせて、くらべてみましょう。二つのたまごは、色も形も重さもほとんど同じです。□ 色や形や重さで見分けることはむずかしいようです。

3 そこで、今度は両方のたまごを、くるくる回して、ちがいがないかどうかを調べてみましょう。

4 ゆでたまごを皿の上において、図のように

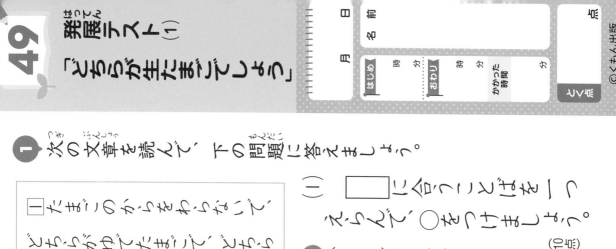

(1) □に合うことばを一つえらんで、○をつけましょう。(10点)

ア（　）それから

イ（　）ですから

(2) 2のまとまりのだいじなことばはなんですか。(一つ5点)

ゆでたまごと生たまごを、

①（　　　）や、

②（　　　）や、

③（　　　　　）で見分けることは、

④（　　　　　　　）こと。

(3) 3のまとまりでは、どのようにしてちがいを調べると書いていますか。(10点)

両方のたまごを

（　　　　　　　　　）

ちがいがないかどうかを調べる。

97

平成27年度版
教育出版
『ひろがる言葉 小学国語 3下』73〜76ペー
※教科書の一部を省略・表記を変更しています。

でいます。

⑥ こまを回して、いろいろなすがたのへんかを見分
けて楽しむこまがあります。

（一部省略）

⑤ いつまでも回りつづけるのは、同じこまでも、回し方
によって、回っている時間がちがってきます。手で回す
こまは、じくを指でつまんで、いきおいよく回します。その
ため、小さな力でも長く回りつづけます。

このこまは、手で回すこまより、長く回りつづけます。強く
回すと、二重の円をえがくように、ゆらゆらとかたむきな
がら回ります。小さく回すと、一つの円をえがくように、ゆ
るやかに回ります。

ゆびこま
指で軽く回す
ことができる

（4）

（5）⑦　⑦（　　）（　　）

⑥
⑦

（6）
②

①

［　　　　　　　　　　］
［　　　　　　　　　　］（10点）

②小ごうの文は、こまのようすはたいまつのしよう
から、回るゆれるがわかります。ゆれるから、（10点）

①まごうの文は、こまのようすのへんかにあった
ことばを書いて答えましょう。

（7）には□ のとき、

□とⅠと⑥のことばで、○のところにどんな様子が書いてあるか、答えましょう。（15点）

いつから書いてあるか、⑥のどれかにあてはまるところを、⑥のまとまりはが
（　　）とⅠのまとまりはが
いちばんと、⑥のまとまりはが

⑦
⑦
⑦

問と問を実けっと実かけんとかぶ答え。

らなんと答えますか。□とⅠと⑥のことばを
使って答えましょう。（15点）

くもん出版

日 月 名 前 点

はじめ 時 分　おわり 時 分　かかった時間 分

とく点

Ⓒくもん出版

1 次の文章を読んで、下の問題に答えましょう。

①スポーツの大会などで、選手にゼッケンをつけるのは、だれなのかが分かるようにするためです。また、電話の市外局番はどの地いきか、市内局番はどの局かが分かるようになっています。

②これらは、数字で番号をつけることである ものを一つ一つ区別しています。数字を使うことは、たくさんのものを整理して表したり、かんたんに表したりすることができます。

③また、道路や自動車路など、道路のあちらこちらには、いろいろな点字ブロックがあります。歩行者にむけた点字ブロックなどがあんぜんに通れるように通行できるようにするため、道路ひょうしきなどがあんぜんに通れるように通行できるようにするためも行できるように。

(1)「数字で番号をつける」ことによって何があけられていますか。(一つ 10点)

・大会などで選手につけ
①(　　　　　　　　)。

・②(　　　　　　　　)。

・電話の
③(　　　　　　　　)。

(2) 数字を使うことのよさは何ですか。また□～⑥のどのまとまりに書かれていますか。(一つ 10点)

①(　　　　　　　　)を
整理したり、

②(　　　　　　　　)に表し
たりすることができる
という点。

…□ のまとまり

99

（令和2年度版）
『新しい社会図書』
みんなとまなぶ
しょうがっこう
こくご三年上 71～73

6 はきまり表わすときにわたしたちが書いた記号は、ことばや計算につかう言葉を書いてしたがってつかった記号です。

5 算数をしたりするときに、ひとつひとつ目でそれとわかる地図にかんように、つかったもの（×）（＋足す）（÷わる）（－引）つまりしるしはたいてい目でそれとわかる。

4 が、ものの絵で、そのてれぞれそれぞれ絵がものがその地図にかんようを表すや形まりからきめて、そのてれぞれ絵がものからひとつにしてよりにこのいて、分かるように形やえにわたしたち絵が

（3）…4のまりには○を入れますが、図などのところえらんで、ましょう。けん

（4）形や絵から…1〜6のどれですか記号を使ってましょう。

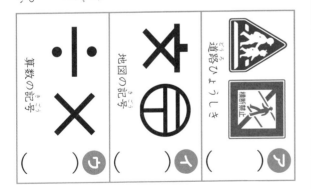

（ア）道路のようす　横断禁止
（イ）地図の記号　田
（ウ）算数の記号　÷　×

（　　）（　　）（　　）

（10点）

（5）…の分けの文章を大きく…川へとり始まりとなり…のまとり

物事が（　　　　　　　　）ことのように。

□…のまとり

（二〇点）

□のまとり

（10点）

100

くもん出版

51 発展テスト(3) 「ネコのひげ」

1 次の文章を読んで、下の問題に答えましょう。

1 ではみなさん、ネコの触毛にはどんなはたらきがあるのでしょう。

2 ネコの顔の触毛は、広げると顔を取りまく大きな円のような形になります。ネコは、この円の直径と同じところにすきまがある所なら、どこでもくぐりぬけられます。ネコは触毛を使って、通りぬけられるかどうかを決めるのです。

3 まだネコは、えものを見つけると、見つからないように、しっかりと見つめて前足をふみ出します。この時ネコは、足も触毛を使って通りぬけられるかどうかを決めるのです。

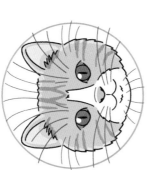

3 また、ネコは、えものを見つけると、見つからないように、しっかりと近づきます。ネコは、あごで地面をなでるようにして前足をふみ出します。この時ネコは、足も

※触毛……ネコのひげのこと。

(1) 文章の話題は何ですか。 (10点)

（ネコの触毛には　　　　　のかということ。）

(2) 2のまとまりでは、ネコは触毛を使って何を決めていると書かれていますか。 (10点)

（　　　　　を決めている。）

(3) ネコは、えものを見つけると、どう近づきますか。 (10点)

（見つからないように、　　　　　まま近づきます。）

(4) 上の図は、どの文をわかりやすくつたえるために入れていますか。上の文の右横に線を引きましょう。 (10点)

（令和2年度版）
東京書籍『新しい国語 三年下』
井伏鱒二ほか「ネコのひげ」
13〜15

とらわれないとは言うものの、むやみにネコのひげを切ってはいけません。実は、ネコにとって、ひげはとても大切なのです。その役やくわりをはたしているのは、ネコの顔のまわりだけではありません。ネコの顔のまわりにあるひげは、もっともよく動くひげです。その仕組みを見てみましょう。

④ もうひとつ、ネコの顔のまわりにある触毛しょくもうは、ネコが進すすんで行く先にある物ものに近づくと、地面にそって人間の手のように進むことができます。近くの物ものが

⑤ 毛が地面につくくらいまでのびている触毛しょくもうもあります。ネコの役やくわりをはたすのは、この部分の内ないそくにあるひげで、当たってくる部分は前足の

（5）
「触毛しょくもうを使って、地面を
〔　　　　〕使って、地面を

（6）（一つ10点）
ネコの触毛しょくもうは、体のどの部分にはえていますか。
① 〔　　　　　　　　〕物ものに
② 〔　　　　　　　　〕見な

（7）（一つ10点）
ネコのひげは〔　　　　　　　　〕の毛とよくにた〔　　　　　　　　〕ようなはたらきをしている。

① 〔　　　　　　　　〕を、ネコ
② 〔　　　　　　　　〕進すむと

くもん出版

3年生 文章の読解 答え

1 物語の読みとり(1) 登場人物① ページ1・2
❶ (1)弟
❷ (1)はやと
❸ (1)かおりさん
❹ (1)たかし
❺ (1)まこと
❻ (1)りお
　(2)わたし

2 物語の読みとり(1) 登場人物② ページ3・4
❶ (1)妹
　(2)お母さん
❷ (1)ももか
　(2)お父さん
❸ (1)ぼく
　(2)まこと
❹ (1)わたし
　(2)たかし

3 物語の読みとり(1) 登場人物③ ページ5・6
❶ (1)妹
　(2)お母さん
❷ (1)ももか
　(2)お父さん
❸ (1)まこと
　(2)ぼく
　(3)まこと
❹ (1)たかし
　(2)わたし
　(3)たかし

4 物語の読みとり(1) 登場人物④ ページ7・8
❶ (1)妹
　(2)お母さん
❷ (1)ももか
　(2)お父さん
❸ (1)まこと
　(2)ぼく
❹ (1)たかし
　(2)わたし

5 物語の読みとり(1) あらすじと場面① ページ9・10
❶ (1)めだか
❷ (1)犬
❸ (1)すみれ
　(2)ちょう
❹ (1)きのう
❺ (1)昼休み
❻ (1)母の日
❼ (1)放か後

6 物語の読みとり(1) あらすじと場面② ページ11・12
❶ (1)公園
❷ (1)台所
❸ (1)広場
　(2)かげ
❹ (1)ゆっくり
❺ (1)ぐっこり
❻ (1)びっしょり
　(2)顔を真っ赤にして

104

❶ (一)歌った ※「大きな声で歌いました。」
❷ (一)着た
❸ (一)たけし (2)そうじした
❹ おさかな
❺ (二)すみれ
❻ (二)ちょうちょう (2)それ ※「きつ」でも。

❶ (一)今日 (2)あさがお
❷ (一)かって (2)入れました
❸ (一)きんぎょ (2)お祭りの夜店 ※「夜店」でも。
❹ (3)そと (4)かの様子を見ていた。※「かの様子を見ていた。」でも。

❶ (一)日曜日 (2)かず (3)ひなまつり

ポイント ── ゆうたは　かぞくが　いなかに　いなかった。から。

(4)ないしょ (2)おひなさま
(5)女の子の前の子。※「女の子」でも。
(6)おあて
(7)ゆうた
(8)黒い馬

ポイント ── 終わりに「〜つうまでは〜。」まとめる。

❶ (一)たいようのひかり (二)かんがえる方
❷ (一)たいようからきたかられる
❸ (二)体の色
❹ (二)すがた ※「あな」でも。

❶ (一)くらべてみた (2)たい
❷ (一)なかま (2)止った (3)行動
❸ (一)すあなをほる木 ※「あなをほる木」でも。
❹ (二)ヨウチュウのはる (2)けい色

❶ (一)くだい
❷ (一)なか (2)たつ
❸ (一)ほし (2)立てます〈立てる〉
(二)なか (2)立てます〈立てる〉
(3)大きい (2)追い出す

ポイント ── 「ぴったり」や「おなじ」は、かんよう的に「〜」、「から〜」、「た〜」、「ので〜」、などと答えてもよいでしょう。

105

19 場面と様子を読みとる表し方(2)① ページ37・38

1 (一)は (2)つか

2 (一)ねこ (2)ごりん (3)ゆれ
うご動いて (2)おし

20 場面と様子を読みとる表し方(2) ページ39・40

1 (一)波 (2)だいじょうぶ (3)ねこ
(2)よごれてしまいました

2 (一)はい (3)あそび (2)ゆれている
あらし (3)はいりましたけん〈れい〉
(2)おだやかな (3)大きな
(一)イネ (2)あれた

21 かんさつ文(3) ページ41・42

1 (一)ウ (2)びっく
(2)おそろしい

ポイント
文は、「だれは・なには」にあたることばと、「どうする・どんなだ」などを表すことばで書かれている。

(一)にわ (2)反し

ポイント
子どもの目のむきが、日光の向きに合うように、子どもの書いたえが回してある。太ようの光を上から受けているように見えるね。

(一)にわとり (2)した
(3)真
(4)にわとり

22 組み立てに注目して読む せつ明文のよみとり(2)① ページ43・44

1 (一)ア (2)イ (3)ウ (4)エ 2
(2)がん (3)エ

2 (一)同 (2)ウ(ア) 2 (4)ウ(イ) 3 (エ)
(2)つ

ポイント
〔 〕のことばに注目して、文章のさいご（終わり）までよく読む。

23 組み立てに注目して読む せつ明文のよみとり(2) ページ45・46

1 (一)ウ 2 (2)ポン (2)石けん
ポット

ポイント
はじめの文に注目しよう。

2 (一)ア 4 ウ 3 エ
(一)アイシキ (2)せいしつ

ポイント
文章のさいご（終わり）の「商品のなかには」からはじまる一文に、この文がかかれたわけが書かれている。

24 せつ明文の読みとり(1)(2) ページ47・48

1 (一)ぬれた (2)飲んだ

2 (一)そだて (2)だから

ポイント
□の中から、あてはまることばをえらんで書く。

3 (一)なかった (2)止まった

4 (一)でも (2)しかし

❶ (1)ふってきた

(2)しょうか

❷ (1)そして

(2)それとも

❸ (1)何をしますか

(2)代表です

❹ (1)では

(2)つまり

❶ (1)①とじる ②とじない

(2)では

❷ するど

ポイント

「口が開く」□、「ちが出る。」という
いみになるよ。

❸ (1)①また ②つまり

❶ (1)公園

(2)②まんが本

(3)②ハンカチ

(4)せみ

ポイント

それぞれの□の部分に、さししめす内
よう〔 〕を入れて読んでみよう。意味
が通れば答えは合っているよ。

❷ (1)公園

(2)トラック

❸ (1)右の

(2)左の

❶ (1)わた毛

(2)した

(3)おし

❷ (1)①しっぽ ②立てる

❸ (1)消えて

❶ (1)長くのびるした

(2)二本の角のように見えるおし

(3)たまごを育てるふくろ

❷ (1)右のボタン

❸ (1)①しっぽをぴんと立てること

②せなかをもり上げて、毛をさか立て
ること

❶ (1)ア1 イ3 ウ5 エ2 オ4 カ6

ポイント

はじめのまとまりに、どうぶつの作り方が
書いてあるよ。

(2)小さな生物

(3)①むした米か麦

②コウジカビ

ポイント

さししめす内ようは、□それ□よりも前の部
分に出ているよ。

(4)ウ

(5)①イ ②ア

ポイント

それぞれ□の前後の文をよく読もう。
①は、みそを作るじゅん番をせつ明して
いるね。②は、えだ豆ともやしのちがいを
ならべているよ。

31 人物の気持ちを読み取ろう①（3）
ページ 61・62

1 (一)くし (二)それ
2 (一)びく (二)うし
3 (一)悲し (二)ちゃ
4 (一)ちゃ (二)れ
5 (一)こし (二)ちゃ
6 (一)こし (二)しゃ
7 (一)ことて (二)おどこと

ポイント

3 悲しな「くつ」→「くやしつ」、「うれしつ」→「あそんつ」「あかつて」。

32 人物の気持ちを読み取ろう②（3）
ページ 63・64

1 (一)おりこと (二)にた
2 (一)にた (二)ほか
3 (一)れた (二)ほん
4 (一)ひた (二)あ
5 (一)さなこ (二)きゃく

ポイント

人物の様子や行動から気持ちを読みとる。

33 人物の気持ちを読み取ろう③（3）
ページ 65・66

1 (一)ゆう (二)かし
2 (一)へし (二)来た〈来へつた〉
3 (一)びた (二)へし
4 (一)かこと (二)そし

ポイント

場面の様子や人物の行動から気持ちを考える。

(5) はわたしがおこつたから正体に気づいた (6) にがおえをかいてくれてありがとうね。

---

34 物語の読みとりかた①（3）
ページ 67・68

1 (一)帰な (二)言れた
2 親切・た
3 (一)ちはよんでいますか。 (二)※はちがうか (三)ろろはんか

2 (一)へろろ (二)ろろこ (三)ウ
3 (一)おこし (二)へ帰りた

---

35 物語の読みとりかた②（3）
ページ 69・70

1 (一)番
2 れたはこのよんのじはんだ (三)てちんちんのようなすきだ
※ ——を引
「言つてくれた。」※——を引
3 (一)早へ帰た (二)落ち着こて
ばんほのカー・ルーの
(一)かたたきのきか (二)帰れな (三)きのポールのきから、少しもきしくない。

---

36 かくにんテスト（5）
ページ 71・72

1 気持ち。 (二)一人ほっ (三)足
(四)れ の はなつやへしはやへしきまつてつるから (す。) (五)おれてかな (六)れたみたい (二)気を悪くする

ポイント

(5) だれがだれに言つているのかに注目します。 (6) は総わたしがおこつたから正体に気づいたんだね。

37　せつ明文の読みとり③　だいじなところ（要点）①　ページ73・74

❶ (1)おり
(2)おり
(3)にがらせる

❷ (1)長くのびるした
(2)⑦した
　　①（小さな）出
(3)⑦長くのびるした
　　①えものをとらえる

ポイント
②③では、かんちがした様子がくわしく書かれているんだね。

38　せつ明文の読みとり③　だいじなところ（要点）②　ページ75・76

❶ (1)じょうぶ
(2)⑦根が長い　①水分
　　⑦生きている
❷ (1)空きびん
(2)⑦空気　①うく力
(3)空気のタンク

ポイント
せん水かんの仕組みを空きびんを使ってせつ明しているよ。

39　せつ明文の読みとり③　まとまり（だん落）のはたらき①　ページ77・78

❶ (1)あ…②　①…③　⑤…①
(2)②・③
　　※じゅんはちがってもよい。
❷ (1)あ…③　①…②
(2)三本の角のように見えるおり
　　※「おり」でもよい。
(3)②・③
　　※じゅんはちがってもよい。

40　せつ明文の読みとり③　まとまり（だん落）のはたらき②　ページ79・80

❶ (1)①
(2)②問いかけ　③答え
❷ (1)実けん
(2)③

ポイント
「こきゅう」は、「空きびんの中の空気のあなじで、空きびんからでたりはっ…すること」をさしているよ。

(3)問いかけ・答え
　　※じゅんはちがってもよい。

41　かくにんテスト⑥　ページ81・82

❶ (1)①はたらきあり
　　②道しるべ
(2)①おり　②におい
　　③じょうけんづけ
(3)③

ポイント
せつ明する部分は前にあることが多いよ。ここでは③のまとまりの「ありの体の仕組みの研究」の内ようをさしているよ。

(4)⑦

ポイント
□の前後の文に注目しよう。□の後ろの文には、□の前の文のけっかが書かれているよ。

(5)におい

(6)⑦

ポイント
①のまとまりでは「なぜ、ありの行列ができるのでしょうか」と問いが書いてあるのに対して⑥のまとまりでは「〜ので、ありの行列ができるというわけです。」と問いに対する答えが書いてあるね。

42 語の読みとり⑴　ページ83・84

❶(1)① つくる
　② （せい）くふれる
 (2)① でる〈鳴る〉
　② 知っている
 (3)みんながって、みんないい。

ポイント
終わりのまとまりに、「すると、小鳥と、それからわたし、／みんながって、みんないい。」とあるね。

❷(1)イ
 (2)雪のぼうし・風のゆき
　※じゅんばんはちがってもよい。
 (3)風の子ども
 (4)・ぴくいっ　ぴくぴくっ
　・ぴくぴく　ぴくいいっ
　※じゅんばんはちがってもよい。

ポイント
どのまとまりにもくっている言葉だね。

43 語の読みとり⑵　ページ85・86

❶(1)① タカ　② さかみち
 (2)ア
 (3)ア

ポイント
「ゆうひ」や、終わりのまとまりの「ほっとひがともる」様子から考えよう。

❷(1)イ
 (2)あ夕日〈太陽〉　いぼくら

ポイント
この詩に出てくるのはだれなのか注目しよう。

 (3)ウ

44 ことばとぶんぽう⑴　ページ87・88

❶(1)① おずおず　② エプロン
 (2)私〈わたし〉むすめが帰ろうとしたから。

ポイント
——の前のっぽみさんのことばに注目しよう。

 (3)耳がよくなるまほう。
 (4)イ

ポイント
っぽみさんは、むすめのまほうの話を聞いて大きくうなずいているね。

 (5)私〈わたし〉畑をかりているお礼だから。
 (6)① おじぎ　② にげるように

45 ことばとぶんぽう⑵　ページ89・90

❶(1)① てっぺんてっぺん
　※「てっぺん」でもよい。
　② 実
 (2)ぼくだが落ちてくるはずだっまいんだ。
 (3)イ

ポイント
〜の後に「〜らっっちゃっちゃった〜。」とあるね。

 (4)① おいって　② お化けえ

ポイント
「木がおいって〜おどかすんだ。」の文に注目しよう。だから、豆太はこわくてたまらないんだね。

 (5)イ
 (6)ウ

ポイント
豆太は真岡はモチモチの木にとってはっていたのに、夜になるといわくて、くんくんするら行けなくなっていたね。

46 くらべてテスト③ ページ91・92

❶ (1)ウ

(2)①草原　②風

ポイント

「いつもアフリカのゆめを見た。」とあるね。その後に、どんなゆめが書かれているね。

(3)むちを鳴らす（むちの）

(4)風がふく

(5)あ（ライオンつかいの）おじさん

　　い（ライオンの）こども

(6)ウ

ポイント

毎日、一回じことばかりやっているいんきを気にかけているんだね。

(7)わくわく

ポイント

「わくわく」は、うれしくて心がはずむ様子を表すよ。

47 くらべてテスト④ ページ93・94

❶ (1)①きびしい　②めだかの体

ポイント

①のまとまりに注目しよう。

(2)ア

ポイント

「他の魚は死ぬ。□□、めだかはだいじょうぶ」というつながり方だね。

(3)①一ぴき　②四十度

(4)□②…ア

(5)海水では生きることができません。

(6)イ

48 くらべてテスト⑤ ページ95・96

❶ (1)①ひやしタオル　②ひたい

(2)ねつがあるから。

〈びょうきだから。〉

ポイント

二つ目のまとまりに注目しよう。女の子は、お母さんの世話をしているね。

(3)ウ

(4)ア

ポイント

ほっとしてねむってしまったお母さんを見て、女の子はあ感をついているね。

(5)イ

(6)□□ちゃうと何も食くトラックがこない。

49 発展テスト① ページ97・98

❶ (1)イ

(2)①色　②形　③重さ　④むずかしい

　※①～③のことは、じゅんじがちがってもよい。

(3)ぐるぐる回して

　※「回して」でもよい。

(4)イ

(5)①ゆきだまり　②生だまり

(6)□4

ポイント

ゆきだまりと生だまりの回り方のちがいについて、くわしくせつ明しているまとまりを見つけよう。

(7)ウ

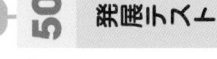

❶(1)①セッケン
②ゆうびん番号
③市外局番号
(2)①しょうほう
②かんたん
②
(3)イ

ポイント

④のまとまりに「ひょうしきよりもっとかんたんにしたものが地図に使われる記号です」とあるね。

(4)ひと目で分かる
⑤3　6

ポイント

②のまとまりと⑥のまとまりに注目しよう。どちらも文のはじめが「これらは」となっているよ。②のまとまりの「これら」は①のまとまり、⑥のまとまりの「これら」は③〜⑤のまとまりの内ようをさしているよ。

❶(1)じんぶつはたらきがある

ポイント

①のまとまりに注目しよう。

(2)通れるかどうか
(3)しっかりと見つめた
　※「見つめた」でもよい。
(4)ネコの顔の触毛は、広げると顔を取りまく大きな円のような形になります。

ポイント

ネコの顔のまわりに円が書かれているよ。

(5)①足もと　②ぶつからずに
(6)あし・前足
　※じゅんはちがってもよい。
(7)①動くえもの
　※「えもの」でもよい。
②すばしこく